Greco Moderno

PER ANTICHISTI

LETTURE ED ESERCIZI

di Ilias Kolokouris

Copyright © 2020 Paideia Institute for Humanistic Study, Inc.

All rights reserved.

First printing, November 2020

ISBN: 978-1-7340189-5-0

The Paideia Institute for Humanistic Study, Inc.
75 Varick Street, 11th Floor
New York, NY 10013
www.paideiainstitute.org

INDICE

Prologo e Ringraziamenti 3

ΤΟ ΝΕΟ ΕΛΛΗΝΙΚΟ ΑΛΦΑΒΗΤΟ / Il Moderno Alfabeto Greco   7

ΓΡΑΜΜΑΤΙΚΗ / Grammatica Greca Antica e Moderna 12

Dialoghi

1. Ο ΑΛΕΞΑΝΔΡΟΣ Ο ΜΙΚΡΟΣ 26
2. Η ΑΣΠΑΣΙΑ ΚΑΙ Ο ΑΛΕΞΑΝΔΡΟΣ 30
3. Ο ΕΡΩΤΑΣ ΚΑΙ Η ΔΥΝΑΜΗ ΤΟΥ 36
4. Η ΑΣΠΑΣΙΑ ΜΕΛΕΤΑ 42
5. Ο ΗΡΑΚΛΗΣ ΚΑΙ Ο ΑΛΕΞΑΝΔΡΟΣ. 49
6. ΟΙ ΓΟΝΕΙΣ ΤΟΥ ΕΡΩΤΑ. 53
7. ΜΙΑ ΟΙΚΟΓΕΝΕΙΑ, ΤΟΥ ΗΡΑΚΛΗ 56
8. Ο ΠΟΛΕΜΟΣ ΣΤΟΝ ΕΡΩΤΑ 61
9. ΤΟ ΟΝΕΙΡΟ ΤΟΥ ΗΡΑΚΛΗ 65
10. Ο ΗΡΑΚΛΗΣ ΣΤΟΝ ΕΥΡΥΣΘΕΑ 70
11. Ο ΗΡΑΚΛΗΣ, Η ΚΑΚΙΑ ΚΑΙ Η ΑΡΕΤΗ 76
12. ΚΑΘΗΜΕΡΙΝΗ ΖΩΗ 84
13. ΠΩΣ ΠΑΜΕ ; ΜΕΤΑΦΟΡΙΚΑ ΜΕΣΑ 92
14. ΑΓΟΡΑΖΟΝΤΑΣ ΠΡΑΓΜΑΤΑΚΙΑ 98
15. ΑΓΟΡΑΖΟΝΤΑΣ ΤΡΟΦΙΜΑ 105
16. ΕΝ ΤΩ ΜΕΣΩ, IN MEDIAS RES 114
17. ΤΑ ΡΟΥΧΑ ΚΑΙ Ο ΦΙΛΟΣΟΦΟΣ. 120
18. Ο ΘΗΣΕΑΣ ΚΑΙ Ο ΗΡΑΚΛΗΣ 128
19. Ο ΗΡΑΚΛΗΣ ΕΧΕΙ ΝΕΥΡΑ 137
20. Ο ΕΥΡΥΣΘΕΑΣ ΣΩΖΕΙ ΤΗΝ ΛΕΡΝΑ; 144
21. ΗΡΑΚΛΗΣ, ΔΙΗΑΝΕΙΡΑ ΚΑΙ ΑΛΕΞΑΝΔΡΟΣ ΣΤΗΝ ΤΑΒΕΡΝΑ . 150
22. Ο ΗΡΑΚΛΗΣ ΣΩΖΕΙ ΤΗΝ ΛΕΡΝΑ 158
23. ΑΡΤΟΝ ΚΑΙ ΘΕΑΜΑΤΑ. 165
24. ΜΕΤΑ ΤΟ ΘΕΑΤΡΟ ; ΧΑΝΓΚΟΒΕΡ 170
25. Ο ΓΙΑΤΡΟΣ ΘΕΡΑΠΕΥΕΙ - ΚΑΙ ΤΟ ΝΕΡΟ 177
26. Ο ΗΡΑΚΛΗΣ ΣΥΝΕΡΧΕΤΑΙ 183
27. ΤΟ ΓΡΑΜΜΑ ΤΗΣ ΚΑΡΥΑΤΙΔΑΣ ΑΠΟ ΤΗΝ ΠΡΟΣΦΥΓΙΑ . . . 189
28. Ο ΗΡΑΚΛΗΣ ΚΑΙ Ο ΑΛΕΞΑΝΔΡΟΣ ΣΤΟ ΛΟΝΔΙΝΟ 201
29. Ο ΗΡΑΚΛΗΣ, Ο ΑΛΕΞΑΝΔΡΟΣ ΚΑΙ Η ΚΑΡΥΑΤΙΔΑ ΣΤΗ ΦΥΛΑΚΗ 210

Glossario 218

PROLOGOS / PROLOGO

"Il greco moderno e il greco antico", ha detto un noto linguista, "sono sistemi distinti. Non ha senso descriverli entrambi allo stesso tempo. È impossibile!" Questo libro, dunque, ha per scopo l'impossibile.

Sotto l'egida del Paideia Institute, la cui missione è quella di rendere il mondo classico accessibile a un numero più che mai grande di persone, Greco Moderno per Antichisti mira a generare interesse verso la cultura greca sia antica sia moderna.

Fin troppo spesso, la Grecia antica e quella moderna sono presentate come due mondi separati. Agli studenti di greco antico viene persino consigliato di astenersi di imparare il greco moderno, per evitare che facciano confusione tra i due. Tutto ciò potrebbe essere in parte dovuto a certi atteggiamenti neocolonialisti nei confronti del greco, della Grecia e dei Greci, come hanno suggerito studiosi contemporanei quali Johanna Hanink. In ogni caso, è una maniera infelice di presentare il greco, perché priva gli studenti di greco antico della possibilità che il loro studio venga considerato attuale e connesso ad una cultura viva e attiva. Nel contempo, il greco antico viene descritto agli studenti della lingua moderna come qualcosa di arcano, oscuro e inaccessibile.

In realtà il greco antico e quello moderno sono strettamente correlati, e lo studio dell'uno sostiene e arricchisce quello dell'altro. Ciò accade intanto per l'interesse e l'orgoglio che i greci di oggi nutrono per la loro storia e cultura antiche e, più specificamente, grazie al lavoro di classicisti greci come Adamantios Korais, che ha valorizzato la lingua greca con un vocabolario antico e ne ha 'classicizzato' la grammatica creando il sistema di comunicazione noto come Katharevousa.

Il risultato di questo sviluppo secolare, fatto di attento interesse alla lingua greca, ha prodotto una lingua demotica parlata dai greci di oggi che è profondamente intrisa di greco antico. Le due lingue sono molto più vicine l'una all'altra di quanto, ad esempio, il latino sia con l'italiano: la lingua di Platone non è una lingua straniera per chi parla il greco moderno, al contrario della lingua di Orazio per chi invece parla italiano. Il rapporto tra l'ebraico moderno e quello antico offre invece un paragone più adatto al caso.

Questo libro non è tanto un manuale introduttivo di greco moderno, quanto piuttosto un compagno di lettura per coloro che hanno già avuto una certa esposizione al mondo greco — che questa consista nell'avere una solida base di greco antico, una certa padronanza dell'alfabeto greco acquisita durante lo studio del latino, o anche soltanto una conoscenza mnemonica di alcune frasi prefissate per comunicare con la gente del posto durante un viaggio estivo in Grecia.

Il nostro obiettivo è di costruire su tali basi, per espandere l'accesso all'affascinante cultura, letteratura e società della Grecia moderna. L'autore di questo libro è un classicista e linguista che crede che il greco antico e il greco moderno siano parenti stretti. I miti del passato e le radici delle parole antiche continuano a vivere nella lingua odierna.

Questo libro procede per gradi, con narrazioni immaginarie in greco moderno, seguite da domande di comprensione e di conversazione, progettate per facilitare l'acquisizione del linguaggio. Ogni dialogo ha un insieme limitato di vocaboli e la grammatica parte dal livello più semplice fino al più complesso. I video animati accompagnano e arricchiscono l'intreccio principale.

In che modo questo libro vuole insegnare il greco moderno? La ripetizione incrementale e le letture progressivamente più complesse svolgono un ruolo chiave nel nostro approccio pedagogico. Il metodo Rassias e la teoria dell'input comprensibile di Stephen Krashen influenzano anche la nostra pedagogia: crediamo, come Rassias e Krashen, che quando gli studenti altamente motivati hanno fiducia nelle loro capacità e sono inseriti in un ambiente con bassi livelli di ansia, hanno i migliori strumenti per acquisire una seconda lingua con successo.

Questo è il motivo per cui incoraggiamo fortemente i lettori e gli studenti a diventare temerari e a sentirsi liberi di fare errori senza aver paura del giudizio e delle correzioni costanti. Vogliamo che ogni lezione sia un'attività ludica e divertente. A tal fine, dialoghi e video animati stimoleranno l'umorismo e il divertimento durante l'esperienza di apprendimento.

Ma soprattutto, questo libro è progettato per adattarsi a te. Puoi leggerlo al tuo ritmo, quando e dove preferisci, con chi vuoi. Man mano che proseguirai con la lettura, noterai che l'apprendimento del greco moderno è fattibile e stimolante. Se stai cercando ulteriore assistenza, puoi contattarci (info@paideia-institute.org) in qualsiasi momento per lezioni online e ulteriori informazioni per studenti.

Bozaitika (Patrasso), Achaia, Grecia

Dicembre 2019

Ilias Kolokouris

RINGRAZIAMENTI

L'autore desidera ringraziare il presidente del Paideia Institute, Jason Pedicone, per il suo costante interesse e la sua disciplina nell'apprendimento e nella promozione del greco moderno e della sua letteratura. Sotto la sua guida e insieme a Joseph Conlon, Paideia ha dato un feedback inestimabile sulla trama del libro. Eleonora Vescovini ha tradotto il libro in italiano, cosa per la quale sia l'autore sia l'Istituto le sono molto grati. Se non fosse stato per la destrezza costante e la competenza creativa di Jamel Daugherty nella progettazione dello scheletro, il libro non avrebbe mai avuto il suo layout e design unici. Jamel ha lavorato con le graphic designer, Meg Prom e Emma Wynne, e insieme hanno dato forma al Greco Moderno per Antichisti. Inoltre, Jonathan Meyer e il "fratello" dell'autore, Marco Romani, hanno contribuito in modo univoco alla redazione dei testi presenti nelle prime e nelle ultime pagine di questo manuale. La lingua di un sedicente professore, come direbbe Bob Dylan, asseriva che questo libro non potesse nascere: invece eccolo qui. Un ulteriore ringraziamento va a Nick Germanacos per la cura, l'ispirazione e il lavoro al servizio della lingua greca moderna e della sua cultura. Infine, l'autore si sente obbligato a ringraziare il suo supervisore accademico, la professoressa Christina Dounia, dell'Università Nazionale e Capodistriana di Atene, per aver sostenuto con il sottoscritto la sua attesa tesi sull'Estetismo nella Grecia Moderna.

ΤΟ ΝΕΟ ΕΛΛΗΝΙΚΟ ΑΛΦΑΒΗΤΟ

Il moderno alfabeto greco è simile all'alfabeto greco antico in termini di grafemi. Tuttavia, secondo alcuni studiosi, ci sono state differenze nella pronuncia, sin dal periodo di massimo splendore dell'antica Tebe. Questa pronuncia più "fonetica", per così dire, che hai già appreso, durante questo corso sarà semplificata. Nel greco antico esiste una corrispondenza individuale tra ciò che è scritto e ciò che è pronunciato. Nel greco moderno non è così. Inoltre, alcuni fenomeni presenti nel greco antico non si trovano nel greco moderno.

ASPIRAZIONI (IL SUONO H)

Nel greco antico, Ἑρμῆς si pronuncia /hermees/ e in inglese si trova scritto come "Hermes".

L'aspirazione del suono /h/ (come un "respiro irregolare") si perde nel greco moderno. La stessa parola è scritta Ερμής, senza aspirazione. Il greco moderno infatti non ha consonanti aspirate.

Le consonanti aspirate sono state anche semplificate nei confronti delle loro controparti:

Σύμφωνα	Αρχαία Ελληνικά	Νέα Ελληνικά	Παράδειγμα
Θ, θ	t^h	/θ/ come la parola inglese theater (fricativa)	θέατρο, θέμα, θεός
Φ, φ	p^h	phi /f/ or /fh/ (fricativa sonora, ma occasionalmente più bilabiale che labiodentale)	φέρω, φάρος, φόνος
Χ, χ	k^h	chi /χ/ (fricativa, come il tedesco ich)	χάος, χέρι, χόρτο

LE CONSONANTI SONORE

Le consonanti sonore del greco antico perdono la loro qualità sonora nel greco moderno. Con queste consonanti, al posto di un forte utilizzo delle labbra, c'è un suono più "tenue" nel greco moderno. Perciò:

Σύμφωνα	Αρχαία Ελληνικά	Νέα Ελληνικά	Παράδειγμα
Β, β	/b/	/v/ come l'inglese very, simile alla b fricativa spagnola, anche se qualche volta è più bilabiale	βάρος, βάθος, βάλλω
Δ, δ	/d/	/δ/ = /ð/ come l'inglese there, piuttosto simile alla d fricativa spagnola	δεν, δάσος, δίκη
Γ, γ	/g/	/γ/ come le inglesi year o way, simile alla g fricativa spagnola	γάτα, γη, γέρος

Tuttavia, i suoni delle consonanti sonore del greco antico continuano ad esistere nel greco moderno. Sopravvivono nei digrammi mostrati qui sotto. Questi digrammi si presentano particolarmente spesso in parole veneziane o di origine turca, o in parole greche antiche che hanno subito un cambiamento di consonante, ad es. αγκάθι < ἀκάνθιον.

Δίγραφα	Προφορά Νέα Ελληνικά	Παράδειγμα
μπ	/b/	μπαγκέτα, μπαλκόνι
ντ	/d/	ντάμα, έντιμος, ντοκιμαντέρ
γκ	/g/	γκαζόν, γκαρσόνι, αγκάθι

LE CONSONANTI DOPPIE

Le consonanti doppie del greco antico sopravvivono nel greco moderno. Entrambe le lettere nelle consonanti doppie vengono pronunciate nel greco moderno, ma a causa della perdita di aspirazione, perdono di conseguenza la loro quantità. Quindi:

Διπλά	Αρχαία Ελληνικά	Νέα Ελληνικά	Παράδειγμα
ξ	/k^{h}s/	/ks/	ξένος, φιλοξενία, ξανά, ξύλο
ψ	/p^{h}s/	/ps/	ψάρι, ψέμα, ψωμί
ζ	/zd/	/z/	ζάχαρη, ζενίθ, ζωή

LE CONSONANTI MUTE, LIQUIDE E NASALI

Le consonanti mute nel greco antico rimangono mute in quello moderno, lo stesso vale per le liquide e nasali. Di conseguenza:

Άφωνα	Αρχαία Ελληνικά	Νέα Ελληνικά	Παράδειγμα
π	/p/	/p/	πόρτα, πάλι, πόλος
τ	/t/	/t/	τάση, τέμνω, τέλος
κ	/k/	/k/	κάλλος, κρέας, κήτος
σ	/s/	/s/	σάκος, σαλάμι, σαν

Υγρά			Παράδειγμα
λ	/l/	/l/	λαός, λαβύρινθος, λέξη
ρ	/r/	/r/	ράκος, ροή, ράδιο

Ένρινα			Παράδειγμα
μ	/m/	/m/	μόνος, μάτι, μέλλον
ν	/n/	/n/	νίκη, νέος, ναός

LE VOCALI

La distinzione tra le vocali lunghe e brevi era la caratteristica principale dell'antica lingua greca ed era resa possibile grazie ad una varietà illimitata di metrica e di poesia. Tuttavia nel greco moderno non esiste questa distinzione. In poche parole, il greco moderno non ha vocali lunghe e brevi. Ω-μέγα e Ο-μικρόν hanno lo stesso suono: /o/.

Ε-ψιλον non ha un suono forte, ma ha una dolce /e/.

Le parole Ήττα, Ιώτα, Υ-ψιλον, insieme ad alcuni dittonghi, hanno tutte lo stesso suono /i/. In termini linguistici, i dittonghi sono semplicemente due suoni in termini di grafemi e non fonemi.

Il processo mediante il quale le vocali tendono a suonare come iota si chiama Iotacismo.

Φωνήεντα	Αρχαία Ελληνικά	Νέα Ελληνικά	Παράδειγμα
α	/a/	/a/	άλλος, άρμα, άτη
ε	/e/ or /ee/	/e/	Ελλάδα, ένα, έπος
η	/ee/	/i/	ήλιος, ήττα, ζωή
ι	/i/	/i/	ίσος, ιατρός, ιδέα
ο	/o/	/o/	όταν, όλον, οδός
υ	/u/	/i/	ύβρη, υγρό, υδρία
ω	/ɔ:/	/o/	ωδή, ωκεανός, ώρα

DITTONGHI - ΔΙΦΘΟΓΓΟΙ

In breve, tutte le seguenti vocali e i dittonghi sono pronunciati /i/.

ι, η, υ, ει, οι, ηι, υι : /i/

Δίφθογγος	Αρχαία Ελληνικά	Νέα Ελληνικά	Παράδειγμα
αι	/ai/ come in *baita*	/e/ come in *elettricità*	παίζω, παιδί, αίγα
ει	/ei/ come in *vorrei*	/i/ come in *Forlì*	εικόνα, είδηση, είδος
οι	/oi/ come in *poi*	/i/ come in *Forlì*	οίκος, Οιδίπους, οικονομία
αυ	/au/ come in *auto*	/af/ come in *Africa* (prima delle consonanti mute)	αυτός, αυτί, αυτάρκης
		/av/ come in *avere* (prima delle consonanti sonore e delle vocali)	αυλή, δαυλός, παύω Παύλος
ευ	/eu/ come in *feudo*	/ef/ come in *effetto* (prima delle consonanti mute)	ευχαριστώ, ευτυχία, ευθύς
		/ev/ come in *evocare* (prima delle consonanti sonore e delle vocali))	ευάρεστος, ευήλιος, ευλογία
ου	/ou/ come in *clou*	/u/ come in *ultimo*	πού, Ουρουγουάη, ούτε
ᾳ	/aa/ come nell'inglese *saw / saw+(w) it*	/a/ come in *altezza*	αυτός, άκρη
ῃ	/ee/ come in *sei*	/i/ come in *Forlì*	ήλιος, ήττα, ζωή
ῳ	/ow/ come nell'inglese *sow/*	(omesso)	
ᾱυ	/au/ come in *auto*	(omesso)	
ηυ	/eeu/ come nell'inglese *say+you*	(omesso)	
ωυ	/oou/ come in *monouso*	(omesso)	
υι	/uee/ come in *colui*	/i/ come in *Forlì*	υιός, υιοθετώ

ΓΡΑΜΜΑΤΙΚΗ

LA PERDITA DEL CASO DATIVO

Η νέα ελληνική έχει μόνο τρεις πτώσεις. Ονομαστική, Γενική και Αιτιατική.

Il greco moderno ha solo tre casi: il nominativo, il genitivo e l'accusativo.

La radice morfologica di tutti i casi nel greco moderno sembra essere l'antico accusativo. Il vocativo è stato sostituito dall'accusativo, come nel caso dativo. In questo paragrafo spiegheremo come è stato sostituito sintatticamente:

Η Δοτική πτώση στα νέα ελληνικά υποχωρεί. Στην θέση της δοτικής βλέπουμε την αιτιατική, συνοδευόμενη από προθέσεις. Τα παραδείγματα:

Nel greco moderno il caso dativo è stato sostituito dagli altri casi. L'accusativo, accompagnato dalle preposizioni, può prendere il posto del caso dativo.

Ονομαστική	ο άνδρας	ὁ ἀνήρ	οι άνδρες	οἱ ἄνδρες
Γενική	του άνδρα	τοῦ ἀνδρός	των ανδρών	τῶν ἀνδρῶν
Δοτική	----------	τῷ ἀνδρί	----------	τοῖς ἀνδράσι
Αιτιατική	τον άνδρα	τόν ἄνδρα	τους άνδρες	τούς ἄνδρας
Κλητική	----------	(ὦ) ἄνερ	----------	(ὦ) ἄνδρες

Esempi:

Dativo Strumentale:

GRECO MODERNO: με + accusativo

Locativo e Oggetto indiretto>

GRECO MODERNO: στο(ν), στη(ν), στο, στους, στις, στα

α)Δοτική αντικειμενική:

Τί δήποτ' ἂν εἴη ταῦτα, ὦ Εὐθύφρων, δίδομεν τὰ παρ' ἡμῶν δῶρα τοῖς θεοῖς;

δίδωμι + dativo τοῖς θεοῖς :

GRECO MODERNO: δίνω + σε + accusativo:

δίνω σε + τους θεούς : δίνω στους θεούς

Nel greco antico certi verbi e parole che derivano dai verbi sono seguiti dal caso dativo. Nel greco moderno il caso invece diventa l'accusativo. Perciò:

1. Verbi che indicano azioni amichevoli o ostili:

ἀρέσκω, εὐνοῶ, βοηθῶ, τιμωρῶ, ἀπειλῶ, πολεμῶ, μάχομαι, ἐναντιοῦμαι, μέμφομαι, ὀργίζομαι, φθονῶ:

Οἱ Ἀθηναῖοι τῷ Ἀντιόχῳ ἐβοήθουν.

βοηθῶ + dativo τῷ Ἀντιόχῳ:

GRECO MODERNO: βοηθώ + accusativo

Οι Αθηναίοι βοηθούσαν τον Αντίοχο.

Πολεμοῦσι τοῖς Πέρσαις.

πολεμῶ + dativo τοῖς Πέρσαις.

GRECO MODERNO: πολεμώ + accusativo: Πολεμούν τους Πέρσες.

2. *I verbi che esprimono obbedienza e persuasione, insieme ai loro opposti, sono seguiti dal dativo nel greco antico. Nel greco moderno, questi verbi reggono l'accusativo, preceduto da una preposizione..*

πείθομαι, πιστεύω, ὑπακούω, ὑπηρετῶ, ἀπιστῶ:

Ῥᾳδίως πείθεται τῷ πατρί.

πείθομαι + *dativo* τῷ πατρί. ------->

GRECO MODERNO: πείθομαι + σε + accusativo

Εύκολα υπακούει στον πατέρα.

Il verbo χρῶμαι era seguito da due dativi.

Χρῶμαι τῷ προδότῃ συμβούλῳ.

χρῶμαι + dativo + dativo -->

GRECO MODERNO: χρησιμοποιώ + accusativo + ως + accusativo

Χρησιμοποιώ τον προδότη ως σύμβουλο.

3. *I verbi che esprimono somiglianza, uguaglianza, conformità e accordo sono seguiti dal dativo nel greco antico. Nel greco moderno, il dativo è sostituito dall'accusativo, preceduto da una preposizione.*

ἰσοῦμαι, ἔοικα ὁμοιάζω, συμφωνῶ, συνάδω, ὁμολογῶ, ὁμονοῶ:

Τὸ τῆς πόλεως ἦθος ὁμοιοῦται τοῖς ἄρχουσι.

Ὁμοιοῦμαι + dativo τοῖς ἄρχουσι ----->

GRECO MODERNO: μοιάζω + με + accusativo

Το ήθος της πόλης μοιάζει με τους άρχοντες.

Τὰ γὰρ ἔργα οὐ συμφωνεῖ τοῖς λόγοις.

Συμφωνῶ + dativo τοῖς λόγοις.------>

GRECO MODERNO: συμφωνώ + με + accusativo

Τα έργα δεν συμφωνούν με τους λόγους.

4. Anche i verbi che esprimono ostilità e riconciliazione sono seguiti dal dativo nel greco antico. Ancora una volta, nel greco moderno, il dativo viene sostituito dall'accusativo, preceduto da una preposizione. ἀμφισβητῶ, ἐρίζω, διαλλάττομαι.

Οἱ ἐχθροὶ ἐρίζουσιν ἀλλήλοις.

Ἐρίζω + dativo ἀλλήλοις---->

GRECO MODERNO: ερίζω + με + accusativo di entrambi i pronomi.

Οι εχθροί ερίζουν ο ένας με τον άλλο.

Οἱ δὲ ἐπιτίθενται τῷ στρατεύματι.

Ἐπιτίθεμαι + dativo τῷ στρατεύματι ----->

GRECO MODERNO: επιτίθεμαι + σε + accusativo

Αυτοί επιτίθενται στο στράτευμα.

Τῇ βασιλείᾳ ἁρμόττει καλοκαγαθία.

Ἁρμόττει + dativo τῇ βασιλείᾳ ------>

GRECO MODERNO: αρμόζω + σε + accusativo

Στην βασιλεία αρμόζει η καλοκαγαθία.

Δηλαδή, στα νέα ελληνικά οι παραπάνω κατηγορίες ρημάτων συντάσσονται με αιτιατική ή εμπρόθετο προσδιορισμό σε θέση αντικειμένου και σπάνια με γενική:

Πολεμά τους εχθρούς.

Μοιάζει του παππού του. [ή: στον παππού του]

UNITÀ LESSICALI INALTERATE DAL GRECO ANTICO AL GRECO MODERNO

Un numero considerevole di parole e frasi non ha subito cambiamenti nel passaggio dal greco antico al greco moderno. Queste frasi "fossilizzate" sono state prese direttamente e senza alterazioni da Omero, dalle tragedie greche, dalle massime delfiche e da altre fonti pagane; altre invece sono di origine ecclesiastica (come la Sacra Bibbia e gli scritti dei padri della chiesa).

Il processo di "fossilizzazione" è complesso e multiforme. Una parte del merito va al clero colto e ai monaci del periodo bizantino che hanno mantenuto invariata la saggezza greca e l'hanno trasmessa ai loro studenti e discepoli nel corso dei secoli. Alcune parole e frasi del greco antico sono state aggiunte al volgare da quegli oratori neogreci che desideravano ottenere un registro più elevato nella propria produzione linguistica. Anche molte frasi e strutture omeriche sono sopravvissute all'interno delle canzoni popolari neogreche e nel fraseggio greco moderno. La fossilizzazione in questo senso potrebbe essere considerata "naturale".

Comunque la presenza di un numero così elevato di parole e frasi greche antiche all'interno del greco moderno sono anche il risultato di un anacronismo deliberato, promosso soprattutto dal movimento atticista e dalla *Katharevousa*. L'Atticismo, ovvero l'amore per l'Attica e per il dialetto attico della lingua greca, è un movimento linguistico e retorico caratterizzato da un "ritorno alle origini", che ha cercato di stabilire lo standard di ciò che era sufficientemente "ellenico" o Greco "alto". Nel tentativo di riportare la "classe" nei classici, l'atticismo è stato determinante nell'alterare il corso atteso della lingua greca moderna verso la semplicità. Le increspature dell'Atticismo sono diventate l'onda della *Katharevousa* dopo la Guerra d'indipendenza o Rivoluzione greca (1821). Con la *Katharevousa* - parola che letteralmente significa "purificante", ovvero un tentativo di purificare la lingua greca - gli studiosi miravano a rimuovere qualsiasi elemento bizantino, veneziano o slavo trovato nella moderna lingua greca parlata sotto l'impero ottomano. Nata dall'idea del grande studioso Adamantios Korais, la *Katharevousa* ha trasformato ψάρι in ιχθύς e φρούτο in οπώρα, e infine ha contribuito alla nascita di sanguinose rivolte da parte di studenti nel 1903 come risposta a una traduzione dell'*Oresteia* ritenuta troppo demotica. Finalmente questa situazione si è conclusa nel 1982, quando Andreas Papandreou lasciò cadere il sistema politonico e la lingua demotica (Δημοτική) è stata istituita dalla legge. Ma ormai la *Katharevousa* e l'Atticismo avevano lasciato un'impronta indelebile sulla lingua neogreca.

La seguente guida contiene un elenco di frasi "fossilizzate" del greco antico che si trovano anche nel greco moderno. L'elenco non è completo, ma include alcune delle espressioni del greco antico più comunemente utilizzate, che sono rimaste invariate nel greco moderno. Si può notare che il caso dativo in alcune di queste espressioni è presente, invece in altre in greco moderno è scomparso completamente. Sono incluse anche moderne riformulazioni greche di alcune di queste espressioni fossilizzate, insieme alla loro traduzione in inglese. Specifichiamo che queste riformulazioni non sono in uso nel greco moderno - le espressioni in greco antico invece lo sono -, qui vengono fornite solo come esempi. Si noti anche che i parlanti del greco moderno possono pronunciare le frasi fossilizzate in greco antico in maniera diversa dalle convenzioni del greco moderno.

εντάξει = va bene

εν μέρει = in parte

δόξα τω Θεώ = gloria a Dio

πράγματι = infatti

τω όντι = in realtà, in effetti

εν τω μεταξύ = intanto

ενώ = Nel frattempo

Αιέν αριστεύειν: Πάντα να αριστεύετε (Ομήρου Ιλ. Ζ 208) = Puntare sempre all'eccellenza (un motto dell'esercito ellenico)

Αμ' έπος αμ' έργον: Μαζί με τα λόγια και τα έργα (Ηρόδοτος) = Insieme alle parole, le opere; meglio agire che parlare

αβρόχοις ποσί: "με στεγνά πόδια", χωρίς κόπο, ανώδυνα = (letteralmente) con i piedi asciutti; "nessun dolore, nessun guadagno"

άγομαι και φέρομαι: δεν έχω δική μου γνώμη, παρασύρομαι από τους άλλους = non ho una mia personale opinione, mi faccio trascinare dagli altri

αμαρτίαι γονέων παιδεύουσι τέκνα: τα λάθη των γονιών έχουν επιπτώσεις / διδάσκουν τα παιδιά τους = gli errori dei genitori istruiscono i loro figli

αποδιοπομπαίος τράγος: εξιλαστήριο θύμα = capro espiatorio (Levitico)

αχίλλειος πτέρνα: το αδύνατο σημείο = il punto debole di qualcuno nonostante la sua forza, il tallone d'Achille

γηράσκω δ' αεί πολλά διδασκόμενος: γερνάω και πάντα μαθαίνω πολλά = invecchio imparando sempre molto

γνώθι σαυτόν: έχε επίγνωση του εαυτού σου = conosci te stesso

δει δε χρημάτων: χωρίς χρήματα δεν γίνεται τίποτα = i soldi fanno girare il mondo

δεινόν προς κέντρα λακτίζειν: η επίθεσή σου εναντίον του δυνατού αποβαίνει εις βάρος σου = attaccare il più forte provoca solo danni a sé stessi

δέοντα (τα): τα πρέποντα, τα σέβη μου = il giusto rispetto

δεύτε λάβετε φώς: ελάτε να πάρετε το φως = vieni, ricevi la luce

δούναι και λαβείν: συναλλαγή, δοσοληψία, αλισβερίσι = dare e avere

δρακόντεια μέτρα: σκληρά και αυστηρά μέτρα = misure draconiane; misure molto severe, da parte di Dracone, il legislatore ateniese sotto il quale anche a piccoli reati corrispondevano pesanti punizioni

ηλίου φαεινότερο: πάρα πολύ φανερό, σαφές = chiaro come il sole

θαρσείν χρη: πρέπει να έχεις θάρρος = bisogna aver coraggio (da Teocrito Θαρσεῖν χρή, φίλε Βάττε· τάχ᾽ αὔριον ἔσσετ᾽ ἄμεινον, Εἰδύλλια (4.29-4.63), un motto dell'esercito ellenico)

ιδίοις όμμασι: με τα ίδια μου τα μάτια : con i miei occhi, vedere di persona

ιδού ο νύμφιος έρχεται: να, έρχεται ο γαμπρός· η απροσδόκητη έλευση ενός προσώπου ή γεγονότος = Ecco, lo sposo viene nel mezzo della notte (Settimana Santa), quando qualcosa di inaspettato è in arrivo

Λάθε βιώσας: Να ζεις στην αφάνεια, να μην επιδώκεις την προβολή (Επίκουρος) = vivere in segreto, vivere senza attirare l'attenzione su di sè

νίψον ανομήματα μη μόναν όψιν: να εξαγνιστείς = lava i tuoi peccati, non solo la tua faccia (un palindromo della Basilica di Santa Sophia a Istanbul, Turchia)

φοβού τους Δαναούς και δώρα φέροντας: πρέπει να είναι κανείς προσεκτικός με ορισμένους ανθρώπους παρά την εμφανή ένδειξη φιλίας τους = temo i Danai, anche quando portano doni (timeo Danaos et dona ferentes in Virgilio, Eneide 2.49, fare attenzione a regali inaspettati)

φυλάσσω Θερμοπύλες: υπερασπίζομαι αξίες, ιερά = combattere per i propri principi ed idee (parafrasando la poesia di Kavafis Τιμή σ᾽ εκείνους όπου στη ζωή των / όρισαν και φυλάγουν Θερμοπύλες)

LA PERDITA DELL'INFINITO

Ἐθέλω εἰπεῖν → Θέλω να πω

Η νέα ελληνική δεν έχει ακριβώς απαρέμφατο. Στην θέση του απαρεμφάτου έχουμε την "υποτακτική".

	Active Voice		**Middle - Passive Voice**	
Ενεστώτας	λύειν	να λύνω	λύεσθαι	να λύνομαι
Παρατατικός	----------	----(να έλυνα)	----------	----(να λυνόμουν)
Μέλλοντας	λύσειν	να λύσω	λύσεσθαι / λυθήσεσθαι	να λυθώ
Αόριστος	λῦσαι	να λύσω	λύσασθαι / λυθῆναι	να λυθώ
Παρακείμενος	λελυκέναι	να έχω λύσει	λελύσθαι	να έχω λυθεί
Υπερσυντέλικος	----------	να είχα λύσει	----------	να είχα λυθεί
Συντελεσμένος Μέλλοντας	----------	-------	λελύσεσθαι	----------

Al posto dell'infinito, nel greco moderno c'è una sorta di pseudo-congiuntivo. I linguisti sono in disaccordo se sia più adeguato chiamarlo congiuntivo o infinito.

Nel greco antico l'infinito ha quattro tempi (presente, futuro, aoristo e perfetto) e tre voci (attivo, medio e passivo). All'infinito medio si trovano forme uniche solo ai tempi verbali futuro e aoristo; al presente e al perfetto, gli infiniti medi e passivi sono identici.

I verbi tematici formano gli infiniti attivi presenti aggiungendo il tema in vocale -ε- e la desinenza infinita -εν alla radice, che si contraggono per formare una desinenza -ειν (da εεν), ad es. παιδεύειν.

I verbi atematici aggiungono il suffisso -ναι alla radice, ad es. διδόναι. Nelle voci medie e passive, l'attuale desinenza infinita è -σθαι, ad es. δίδοσθαι. I verbi tematici aggiungono un ulteriore -ε- tra la desinenza e la radice, ad es. παιδεύεσθαι.

Nel greco moderno, l'infinito è scomparso ed è stato sostituito sintatticamente dal congiuntivo. La caratteristica -σ- indica la natura o la funzione dell'azione (ποιόν ενεργείας). Di conseguenza, le azioni che sono continue, progressive, abituali, ripetitive e imperfettive mantengono la radice del presente. Le azioni limitate, momentanee, singole e perfettive usano -σ- o la radice dell'aoristo.

Gli infiniti in greco moderno sono declinati secondo la persona. Ciò significa che l'"infinito", o più propriamente il congiuntivo, cambia a seconda dell'agente.

Pertanto, nella versione attiva:

Per un'azione continua	Per un'azione momentanea
Θέλω να γράφω	Θέλω να γράψω
Θέλω να γράφεις	Θέλω να γράψεις
Θέλω να γράφει	Θέλω να γράψει
Θέλω να γράφουμε	Θέλω να γράψουμε
Θέλω να γράφετε	Θέλω να γράψετε
Θέλω να γράφουν	Θέλω να γράψουν

Come illustrato sopra, viene utilizzata la radice del presente o la radice dell'aoristo a seconda della natura o della funzione dell'azione (*έγραφ+σα --> έγραψα --> να γράψω). Va notato con attenzione, tuttavia, che l'uso della radice dell'aoristo non significa che l'azione sia terminata e appartenga al passato. Significa che l'azione finirà prima o poi in qualche momento. D'altra parte, να γράφω si riferisce ad un'azione per la quale la fine non è nota. In inglese, questa distinzione sarebbe espressa tramite la differenza tra "I want to be writing" e "I want to write".

Gli "infiniti" in greco moderno possono reggere soggetti al nominativo o all'accusativo. L'infinito è accompagnato da un soggetto al nominativo quando è specificato il tempo - cioè, quando le forme presente e passato dell'infinito possono alternarsi e l'infinito supporta completamente una sequenza di tempi. L'infinito è accompagnato da un soggetto all'accusativo quando non è specificato il tempo - cioè quando l'unica forma ammessa è l'infinito presente.

Gli infiniti aoristi dell'antica Grecia, attivi e passivi, sopravvivono nel Greco moderno, ma hanno una funzione completamente diversa. L'antico infinito γράψαι "scrivere" ha seguito questo percorso:

γράψαι → γράψειν (in analogia all'infinito presente γράφειν) → γράψει

usato solo in combinazione con il verbo ausiliare ἔχω "Io ho"

→ *Passato Prossimo:* ἔχω γράψει "Io ho scritto".

→ *Trapassato prossimo:* είχα γράψει "Io avevo scritto".

Allo stesso modo, γραφῆναι "da scrivere" in greco antico sopravvive come γραφεί; quindi, ἔχει γραφεί che significa "È stato scritto".

In greco moderno, "Io voglio scrivere"

θέλω να γράψω ("Voglio che io scriva"),

che è diverso dal greco antico

ἐθέλω γράφειν ("Io voglio scrivere").

Nel greco moderno, l'infinito ha cambiato forma e viene utilizzato principalmente nella formazione dei tempi; non si trova da solo o con un articolo. Al contrario dell'antico infinito "γράφειν", il greco moderno usa l'infinito "γράψει", che non si declina. L'infinito in greco moderno ha solo due forme in base alla diatesi del verbo: "γράψει" per la diatesi attiva e "γραφ(τ)εί" per la diatesi passiva.

ΑΡΘΡΑ
GLI ARTICOLI

GRECO ANTICO	GRECO MODERNO
αἱ	οι
τὰς	τις
αἱ θάλασσαι	οι θάλασσες
Ἡ νύξ → ACC. τὴν νύκτα →	NOM. η νύχτα

Come accennato in precedenza, il caso predominante nel greco moderno è l'accusativo — non solo in termini di sintassi, ma anche in termini di flessione. L'accusativo del greco antico è oggi il nominativo in greco moderno:

Ἡ Ἑλλὰς → ACC. τὴν Ἑλλάδα → NOM. Η Ελλάδα

Ἡ πόλις → ACC. τὴν πόλιν → NOM. Η πόλη

I nomi difficili della terza declinazione diventano diminutivi neutri e perdono il suffisso -ιον:

Ὁ παῖς → ACC. τὸν παῖδα

Τὸ παιδίον → NOM. Το παιδί

Ἡ κλείς → ACC. τὴν κλεῖδα

Τὸ κλειδίον → NOM. Το κλειδί

*ΜΕΣΗ ΦΩΝΗ : LA VOCE MEDIA

Morfologicamente, la voce media non si distingue dalla voce passiva.

Μιλώ - μιλιέμαι

Κοιτώ - κοιτιέμαι

*ΕΥΚΤΙΚΗ ΦΩΝΗ: MODO OTTATIVO

Nel greco moderno non esiste il modo ottativo. Quest'ultimo è sostituito dal congiuntivo Υποτακτική, o da altre strutture in casi più complessi:

Εἴθε φίλος ἡμῖν γένοιο φίλος μας.	→	Μακάρι να γίνεις φίλος μας.
Σὺ κομίζοις ἂν σεαυτὸν ᾗ θέλεις θυμίζεις. [οριστ. ενεστώτα]	→	Αν το ξεχάσω, μου το θυμίζεις.

*VERBI CHE TERMINANO in -μι

I verbi in-mi in greco antico si sono trasformati in semplici verbi in-ω in greco moderno, anche se solo alla voce attiva. Nella voce passiva, i verbi in -mi in greco antico rimangono tali anche nel greco moderno:

GRECO ANTICO	GRECO MODERNO	PASSIVO	ANTICO
Δείκνυμι →	δείχνω	αλλά : δείχνομαι	(δείκνυμαι)
Δίδωμι →	δίδω/ δίνω	αλλά : δίνομαι	(δίδομαι)
Τίθημι →	θέτω	αλλά: τίθεμαι	(τίθεμαι)

*TEMPO FUTURO

Greco medievale

Θέλω ἵνα + Congiuntivo → θα + Congiuntivo: θα φύγω / θα μάθω

Nel greco moderno, come è stato affermato sopra, l'aspetto sostituisce il tempo verbale. Perciò, forme diverse vengono utilizzate in base alla frequenza dell'azione indicata dal verbo:

Πάω - πηγαίνω

Θέλω να πάω στην Ελλάδα

(semplice azione una tantum)

Θέλω να πηγαίνω στην Ελλάδα κάθε καλοκαίρι.

(azione continua e ripetuta)

Γράψω - γράφω

Ο Νίκος θέλει να γράψει καλά σήμερα.

(semplice azione una tantum)

Ο Νίκος θέλει να γράφει συχνά γράμματα στην οικογένειά του.

(azione continua e ripetuta)

La radice sigmatica (ad es. γρά-ψ-ω), dell'aoristo descrive un'azione che ha un inizio e una fine specifici. La radice in -φ- (ad es. γρά-φ-ω), del presente descrive un'azione continua o ripetuta il cui termine è sconosciuto.

ΔΙΑΛΟΓΟΥ 1

1
Ο ΑΛΕΞΑΝΔΡΟΣ Ο ΜΙΚΡΟΣ

καλημέρα
buongiorno

είμαι
essere

μικρός
piccolo

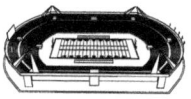

το στάδιο

η καθηγήτρια
professoressa

έχω
avere

μεγάλη
grande

Καλημέρα σας! **Είμαι** ο Αλέξανδρος. Είμαι μαθητής. Οι φίλοι μου με λένε Αλέκο. Είμαι ο Αλέξανδρος ο **μικρός**. Δεν είμαι ο Αλέξανδρος ο Μέγας. Πηγαίνω στο σχολείο. Είμαι δεκαεφτά χρονών. Είμαι από την Ελλάδα. Μένω στην Αθήνα, στο Παγκράτι. Μένω πίσω από το Καλλιμάρμαρο **Στάδιο**. Ο **πατέρας** μου δουλεύει. Είναι καθηγητής μαθηματικών. Τον λένε Φίλιππο. Η μητέρα μου επίσης δουλεύει, είναι **καθηγήτρια** Ισπανικών. Η **μητέρα** μου είναι από την Ισπανία. Την λένε Μαρία. Έχω μία αδερφή. Η **αδερφή** μου είναι **μεγάλη**. Δεν πηγαίνει στο σχολείο. Είναι εικοσιπέντε χρονών. Την λένε Ελένη.

ο πατέρας
padre

ο μπαμπάς
παπά

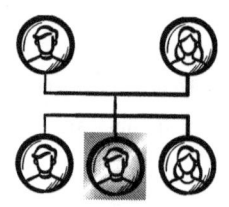

η μητέρα
madre

η μαμά
mamma

ο αδερφός-
fratello

η αδερφή
sorella

CAPITOLO 1

Μου αρέσει η μυθολογία και η ιστορία. Ο Ηρακλής και ο Θησέας, ο Περικλής και ο Οδυσσέας. Του πατέρα μου δεν του αρέσει η μυθολογία. Μου λέει "Αλέξανδρε! Η μυθολογία είναι ψέματα, η ιστορία είναι **αλήθεια**. Η μυθολογία είναι λάθος, η ιστορία είναι σωστό!" Εγώ του λέω "Εσύ είσαι **καθηγητής**. Ο Ηρακλής είναι ήρωας, ο Περικλής είναι επίσης ήρωας! Τι θέλεις; **Αμάν**!" Ο πατέρας μου λέει "**Δεν θέλω** κάτι. Είμαστε άνθρωποι, δεν είμαστε ήρωες. Καταλαβαίνεις;" Του λέω "**Καταλαβαίνω**" και τέλος.

Η μητέρα μου είναι από την Ισπανία. Καταλαβαίνει τι λέμε εμείς, αλλά δουλεύει πολύ. Λέει "Εγώ είμαι ήρωας. **Δουλεύω** όλη την ημέρα και **ακούω** και εσάς!"

το ψέμα
bugia

η αλήθεια
verità

ο καθηγητής
professore

αμάν
Peccato

δεν θέλω
non voglio

καταλαβαίνω
capisco

δουλεύω
io lavoro

ακούω

ΔΙΑΛΟΓΟΥ 1

ΑΣΚΗΣΕΙΣ ΚΑΤΑΝΟΗΣΗΣ ΔΙΑΛΟΓΟΥ
ESERCIZI DI COMPRENSIONE

1. Πώς λένε τον μαθητή στον διάλογο;
   α) Αλέξανδρο
   β) Αλέκο
   γ) Ηρακλή
   δ) Αλέξανδρο και Αλέκο

2. Ο πατέρας του Αλέξανδρου, ο Φίλιππος
   α) πηγαίνει στο σχολείο
   β) είναι καθηγητής μαθηματικών και δουλεύει
   γ) είναι από την Ισπανία
   δ) του αρέσει η μυθολογία

3. Η μητέρα του Αλέξανδρου, η Μαρία
   α) είναι ήρωας, είναι από την Ισπανία και είναι καθηγήτρια μαθηματικών
   β) είναι ήρωας, είναι από την Ισπανία και είναι καθηγήτρια Ισπανικών
   γ) μένει στην Ισπανία
   δ) δεν καταλαβαίνει τι λέει ο Αλέξανδρος

4. Η αδερφή του Αλέξανδρου
   α) την λένε Ελένη και πηγαίνει στο σχολείο
   β) την λένε Ελένη και δεν πηγαίνει στο σχολείο, γιατί δουλεύει
   γ) την λένε Μαρία και δουλεύει πολύ
   δ) την λένε Μαρία και δεν δουλεύει πολύ

CAPITOLO 1

5. Η μυθολογία
    α) είναι λάθος και ψέματα
    β) είναι σωστή και αλήθεια
    γ) δεν αρέσει στον πατέρα του Αλέξανδρου γιατί είναι λάθος και ψέματα
    δ) αρέσει στον πατέρα του Αλέξανδρου γιατί είναι σωστή και αλήθεια

ΑΣΚΗΣΕΙΣ ΓΙΑ ΚΟΥΒΕΝΤΑ ΔΙΑΛΟΓΟΥ
ESERCIZI DI DISCUSSIONE

1. Ποιοι / ποιες πιστεύεις ότι είναι οι ήρωες και οι ηρωίδες σήμερα;

2. Πώς διαλέγεις και ξεχωρίζεις τι είναι αλήθεια και τι ψέματα στο ίντερνετ;

3. Τι διαφορά έχει η ιστορία από την μυθολογία; Υπάρχουν σήμερα μύθοι;

ΔΙΑΛΟΓΟΥ ΙΙ

2
Η ΑΣΠΑΣΙΑ ΚΑΙ Ο ΑΛΕΞΑΝΔΡΟΣ

ΑΛΕΞΑΝΔΡΟΣ :
Καλημέρα!

ΑΣΠΑΣΙΑ :
Γεια σου. Είμαι η Σία. Πώς σε λένε;

ΑΛΕΞΑΝΔΡΟΣ :
Γεια σου, Σία! Τι όνομα είναι αυτό;

ΑΣΠΑΣΙΑ :
Σία με λένε, από το Ασπασία! Εσένα πώς σε λένε;

ΑΛΕΞΑΝΔΡΟΣ :
Με λένε Αλέκο.

ΑΣΠΑΣΙΑ :
Αλέκο! Τι όνομα είναι αυτό;

ΑΛΕΞΑΝΔΡΟΣ :
Αλέκο με λένε, από το Αλέξανδρος! Χαίρω πολύ, Σία. Είσαι από την Αθήνα;

ΑΣΠΑΣΙΑ :

Όχι, είμαι από την **Θεσσαλονίκη**. Χαίρω πολύ, Αλέξανδρε. Εσύ από πού είσαι;

Θεσσαλονίκη

ΑΛΕΞΑΝΔΡΟΣ :

Είμαι από την Αθήνα. **Τι κάνεις;**

ΑΣΠΑΣΙΑ :

Πολύ καλά, ευχαριστώ. Μαθήματα, **διαβάζω** πολύ. Εσύ, **πώς είσαι;**

διαβάζω

ΑΛΕΞΑΝΔΡΟΣ :

Μια χαρά. Εδώ, στο **σχολείο**. Πού μένεις εσύ, Σία;

σχολείο

ΑΣΠΑΣΙΑ :

Μένω στο Θησείο. Αλλά το σχολείο μου είναι στο Παγκράτι. Εσύ πού μένεις;

Πώς είσαι; / Τι κάνεις;
Come stai?

Τέλεια   Χάλια!   Είμαι εντάξει / Είμαι OK.
Πολύ καλά!   Πολύ Καλά! (Μια χαρά!)   Έχω τα νεύρα μου.

ΔΙΑΛΟΓΟΥ ΙΙ

ΑΛΕΞΑΝΔΡΟΣ :

Εγώ μένω εδώ, στο Παγκράτι. Πολύ κοντά στο σχολείο. Σία, έχεις αδέρφια;

ΑΣΠΑΣΙΑ :

Έχω έναν αδερφό. Τον λένε Ανδρέα. Εσύ Αλέξανδρε, έχεις αδέλφια;

παιδί

ΑΛΕΞΑΝΔΡΟΣ :

Ναι, έχω μία αδερφή. Την λένε Ελένη. Είναι μεγάλη, έχει οικογένεια και ένα **παιδί**.

ΑΣΠΑΣΙΑ :

Έχει **παιδί**; Τέλεια! Πώς το λένε το **παιδί**;

ΑΛΕΞΑΝΔΡΟΣ :

Το **παιδί** το λένε Γιάννη. Την αδερφή μου τη λένε Ελένη.

ΑΣΠΑΣΙΑ :

Και η αδερφή σου τι κάνει;

ΑΛΕΞΑΝΔΡΟΣ :

Τέτοια ώρα; Η αδερφή μου δουλεύει. Εσύ δουλεύεις;

ΑΣΠΑΣΙΑ :

Εγώ; Τι λες βρε Αλέξανδρε; Είμαι μαθήτρια! Στο σχολείο!

CAPITOLO 2

ΑΛΕΞΑΝΔΡΟΣ :
Σωστά! Μα καλά, τι λέω; Και εγώ μαθητής είμαι. Διαβάζω, αλλά δεν δουλεύω!

ΑΣΠΑΣΙΑ :
Α μπράβο! Και εγώ και εσύ πηγαίνουμε στο σχολείο κάθε μέρα.

δεν θέλω
io non voglio

ΑΛΕΞΑΝΔΡΟΣ :
Ακριβώς! Εγώ πάντως, **δεν θέλω** σχολείο κάθε μέρα. Εσύ θέλεις;

θέλω
io voglio

ΑΣΠΑΣΙΑ :
Ούτε εγώ θέλω σχολείο κάθε μέρα. Αλλά **πηγαίνω**.

πηγαίνω
andare

ΑΛΕΞΑΝΔΡΟΣ :
Λοιπόν Ασπασία, αύριο πάλι! Τα λέμε!

ΑΣΠΑΣΙΑ :
Ναι, αύριο! **Χάρηκα!**

χάρηκα!
piacere di conoscerti!

ΑΛΕΞΑΝΔΡΟΣ :
Χάρηκα!

ΔΙΑΛΟΓΟΥ ΙΙ

ΑΣΚΗΣΕΙΣ ΚΑΤΑΝΟΗΣΗΣ ΔΙΑΛΟΓΟΥ

ESERCIZI DI COMPRENSIONE

Άσκηση 1: Vero o falso? / Σωστό ή Λάθος;
Se c'è un errore nella frase, riscrivila correttamente.

Σ   Λ

1. Η Σία είναι μαθήτρια, μένει στην Αθήνα και έχει καταγωγή
   από την Αθήνα, δηλαδή είναι από την Αθήνα.

   Αν η πρόταση είναι λάθος, γράψε τη σωστά.

2. Η αδερφή του Αλέξανδρου, η Ελένη, είναι μεγάλη και δουλεύει.

   Αν η πρόταση είναι λάθος, γράψε τη σωστά.

3. Το παιδί της αδερφής του Αλέξανδρου, της Ελένης, το λένε Παγκράτι.

   Αν η πρόταση είναι λάθος, γράψε τη σωστά.

4. Η Σία είναι μικρή, είναι μαθήτρια, πηγαίνει στο σχολείο και δουλεύει.

   Αν η πρόταση είναι λάθος, γράψε τη σωστά.

CAPITOLO 2

5. Ο Αλέξανδρος δεν δουλεύει. Είναι μαθητής, πηγαίνει στο σχολείο κάθε μέρα, αλλά δεν θέλει σχολείο κάθε μέρα.

Αν η πρόταση είναι λάθος, γράψε τη σωστά.

ΑΣΚΗΣΕΙΣ ΓΙΑ ΚΟΥΒΕΝΤΑ ΔΙΑΛΟΓΟΥ
ESERCIZI DI DISCUSSIONE

1. Τον Αλέξανδρο τον λένε και Αλέκο. Την Ασπασία την λένε και Σία. Εσύ έχεις παρατσούκλι ή υποκοριστικό; Τι σημαίνει; Είναι συνηθισμένο; Σου αρέσει;

2. Το σχολείο είναι δουλειά για σένα; Ή μήπως η δουλειά είναι σχολείο; Μαθαίνουμε να δουλεύουμε; Ή δουλεύουμε για να μάθουμε;

3. Τι σημαίνει για σένα "οικογένεια" σήμερα; (famiglie che scegliamo)

ΔΙΑΛΟΓΟΥ III

3

Ο ΕΡΩΤΑΣ ΚΑΙ Η ΔΥΝΑΜΗ ΤΟΥ

ΑΛΕΞΑΝΔΡΟΣ :

κεφάλι

Πω πω πω πω! Το **κεφάλι** μου πονάει...
Πού είμαι; Κολώνες βλέπω... Πού είμαι;
Όπα! Ένα παιδί με φτερά!
Πολύ μικρό είναι αυτό το παιδί!
 Άγγελος είναι; Ποιος είναι αυτός;

Άγγελος

Ε, ε, ε! Πώς σε λένε; Ποιος είσαι εσύ;
Τι κάνεις;

ΕΡΩΤΑΣ :

χτυπάω
τεμπέλης
pigro

Γεια σου! Με λένε Έρωτα!
Εγώ είμαι ο Έρωτας, ο μικρός.
Χτυπάω με το βέλος μου! Πίιιινγκ!
Είσαι **τεμπέλης** φίλε; Δεν δουλεύεις;
Εγώ σε χτυπώ! Ερωτεύεσαι! Χα χα χα!
Εγώ είμαι μια χαρά!
Ο **ερωτευμένος** είναι δύο τρομάρες!
Εσύ ποιος είσαι;

ερωτευμένος
innamorati

CAPITOLO 3

ΑΛΕΞΑΝΔΡΟΣ :
Γεια σου Έρωτα!
Εγώ είμαι ο Αλέξανδρος και δεν καταλαβαίνω!
Τι λες; Πού μένεις, Έρωτα;

ΕΡΩΤΑΣ :
Εγώ; Εγώ μένω στις καρδιές των ανθρώπων.
Μένω παντού.
Θέλει **γυναίκα** ο **άντρας**;
Θέλει άντρα η γυναίκα;
Εγώ είμαι **εκεί**!
Δεν **φεύγω ποτέ**!
Μένω στην καρδιά σου, Αλέξανδρε, για **πάντα**!

γυναίκα   άντρας

εκεί
là

φεύγω
lasciare

ποτέ
mai

πάντα
sempre

ΑΛΕΞΑΝΔΡΟΣ :
Εσύ; Στην καρδιά μου;
Μένεις στην καρδιά μου εσύ για **πάντα**;
Μα εσύ είσαι μικρό παιδί, Έρωτα!
Πώς έχεις τη **δύναμη**;

δύναμη

ΕΡΩΤΑΣ :
Είμαι πάρα πολύ δυνατός εγώ!
Η μαμά μου είναι η Νύχτα.
Ο μπαμπάς μου είναι το Χάος.
Γι' αυτό πάω, χτυπάω ΜΠΑΜ
και **προκαλώ** Χάος.
Είναι πολύ **αδύναμοι** αυτοί που χτυπώ.
Ο ερωτευμένος είναι **αδύναμος**. Αλήθεια τώρα.

προκαλώ
causare

αδύναμος
debole

ΔΙΑΛΟΓΟΥ III

ΕΡΩΤΑΣ :
Ο ερωτευμένος δεν έχει δύναμη, Αλέξανδρε.
Τίποτα.

ΑΛΕΞΑΝΔΡΟΣ :
Και γιατί τους χτυπάς Έρωτα;
Είσαι κακός;
Και εντάξει. Εσύ τους χτυπάς, αυτοί πονάνε;

ΕΡΩΤΑΣ :
Εγώ; Γιατί τους χτυπάω εγώ; Χαχαχαχα!
Γιατί έτσι, βρε!
Ο Έρωτας πάντα πονάει!
Εγώ είμαι η αρχή. Και εγώ είμαι το τέλος!

Ουρανός

Θέλω εγώ; Θέλει ο **Ουρανός** τη **Γη**.
Θέλω εγώ; Κάνουν παιδιά!
Αλλά, εντάξει, έχω φτερά. Τσίου τσίου τσίου.

Η Γη

ΑΛΕΞΑΝΔΡΟΣ :
Γιατί έχεις φτερά; Δηλαδή, εσύ πετάς;

πετάω

ΕΡΩΤΑΣ :
Ναι, **πετάω!**
Γιατί οι ερωτευμένοι δεν ξέρουν τι θέλουν.
Το μυαλό τους πετάει.

εδώ
qui

Μία **εδώ**, μία εκεί.
Χαχαχα!
Έ, και εγώ πετάω.

CAPITOLO 3

ΕΡΩΤΑΣ :
Μία εδώ, μία εκεί.
Χαχαχα!
Πετάω και φεύγω και πάω
και χτυπώ και χτυπάω.
Και φεύγω πάλι.

ΑΛΕΞΑΝΔΡΟΣ :
Και τώρα; Πού πας τώρα Έρωτα;

ΕΡΩΤΑΣ :
Τώρα φεύγω.
Πάω για το νέο βέλος. Τέλος.
Γεια σου γεια σου!
Και **προσοχή** στον Έρωτα, Αλέξανδρε! **Προσοχή**!

προσοχή!
attenzione!

ΑΛΕΞΑΝΔΡΟΣ :
Μπα!... Τρελά πράγματα σήμερα...
Πολύ τρελά πράγματα σήμερα!

ΔΙΑΛΟΓΟΥ III

ΑΣΚΗΣΕΙΣ ΚΑΤΑΝΟΗΣΗΣ ΔΙΑΛΟΓΟΥ
ESERCIZI DI COMPRENSIONE

1. Τι βλέπει ο Αλέξανδρος στην αρχή του διαλόγου;
   α) κολώνες
   β) ένα παιδί με φτερά, έναν άγγελο
   γ) κολώνες και ένα παιδί με φτερά, έναν άγγελο
   δ) τίποτε από τα παραπάνω

2. Ο Έρωτας στον διάλογο
   α) είναι ένας μεγάλος άνδρας
   β) είναι ένα μικρό παιδί
   γ) είναι ένας γέρος
   δ) είναι ένα μωρό

3. Ο Έρωτας χτυπάει
   α) τον άνθρωπο που δουλεύει πολύ
   β) τον άνθρωπο που δεν δουλεύει γιατί δεν θέλει, είναι τεμπέλης
   γ) τον άνθρωπο που δεν δουλεύει γιατί δεν μπορεί, είναι άνεργος
   δ) τον άνθρωπο που δεν δουλεύει καθόλου

4. Ο Έρωτας έχει φτερά, γιατί οι ερωτευμένοι
   α) ξέρουν τι θέλουν
   β) δεν ξέρουν τι θέλουν, το μυαλό τους πετάει
   γ) πετάνε
   δ) δεν πετάνε

5. Ο Ερωτευμένος/ η Ερωτευμένη :
    α) έχει πολύ δύναμη, είναι δυνατός / δυνατή
    β) δεν έχει πολύ δύναμη, είναι αδύναμος / αδύναμη
    γ) δεν έχει φτερά
    δ) έχει φτερά

ΑΣΚΗΣΕΙΣ ΓΙΑ ΚΟΥΒΕΝΤΑ ΔΙΑΛΟΓΟΥ
ESERCIZI DI DISCUSSIONE

1. Τι είναι έρωτας για σένα; Τι είναι αγάπη;

2. Ο έρωτας σήμερα έχει φύλο; Αν ναι, γιατί; Αν όχι, γιατί;

3. Ο έρωτας κατά τη γνώμη σου φεύγει; Ή μένει;

ΔΙΑΛΟΓΟΥ IV

4

Η ΑΣΠΑΣΙΑ ΜΕΛΕΤΑ

τα ρούχα

ΑΣΠΑΣΙΑ :

Γεια σου πάλι, Αλέξανδρε! Τι **ρούχα** φοράς σήμερα;

ΑΛΕΞΑΝΔΡΟΣ :

Φοράω τα καλά μου για σένα, Ασπασία! Ωραία είναι;

φοράω
indossare

ο γαμπρός η νύφη

ΑΣΠΑΣΙΑ :

Ωραία είναι. Είσαι σαν **γαμπρός**! Αλλά δεν καταλαβαίνω. Τι εννοείς φοράς τα καλά σου για μένα; Εγώ δεν είμαι **νύφη**. Είμαι μαθήτρια! **Ψάχνω** τη σοφία!

ψάχνω

ΑΛΕΞΑΝΔΡΟΣ :

Ποια **Σοφία**; Τη φίλη της Κατερίνας;

σοφία
saggezza

ΑΣΠΑΣΙΑ :

Ποια φίλη της Κατερίνας βρε Αλέξανδρε;;; Τη σοφία, τη γνώση! Την αλήθεια. Ποια είναι η αλήθεια, λοιπόν, Αλέξανδρε. Τι θέλεις εσύ και είσαι σαν γαμπρός σήμερα;

CAPITOLO 4

ΑΛΕΞΑΝΔΡΟΣ :

Ασπασία, να... Πώς το λένε στα ελληνικά; Ξέρεις, εγώ...

ΑΣΠΑΣΙΑ :

Εσύ τι; Δεν με λες, αυτά που λέτε εσείς στην Αθήνα, εμείς στη Θεσσαλονίκη δεν τα καταλαβαίνουμε. Εσύ τι, Αλέξανδρε;

ΑΛΕΞΑΝΔΡΟΣ :

Εγώ, να... Θέλεις να πάμε μαζί στο **σινεμά**;

το σινεμά

ΑΣΠΑΣΙΑ :

Εμείς οι δύο μαζί στο **σινεμά**; Μα, εγώ δεν **βλέπω** ταινίες, Αλέξανδρε. Είμαι εδώ στην Αθήνα για λίγες ημέρες. Δεν έχω χρόνο. Θέλω να πάω στην **Ακρόπολη**, στον Παρθενώνα, στον Κεραμεικό και στη **βιβλιοθήκη** του Αδριανού! Στο σινεμά θα πάω; Σινεμά έχει και στη Θεσσαλονίκη, Αλέξανδρε! Εδώ έχει το αληθινό Λύκειο του Αριστοτέλη! Και θα πάω σινεμά; Είσαι σοβαρός;

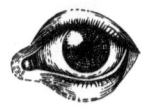
βλέπω

Η Ακρόπολη

βιβλιοθήκη

ΑΛΕΞΑΝΔΡΟΣ :

Έχεις δίκιο, Ασπασία. Σινεμά έχει και στη Θεσσαλονίκη. Πάμε μαζί στο **Μουσείο** της **Ακρόπολης**;

το μουσείο
museo

ΔΙΑΛΟΓΟΥ IV

ΑΣΠΑΣΙΑ :
Γιατί μαζί; Ξέρεις ιστορίες εσύ από την Ακρόπολη;

Αθηνά

ΑΛΕΞΑΝΔΡΟΣ :
Όχι, δεν ξέρω ιστορίες. Ξέρω λίγο μυθολογία, πώς η **Αθηνά** πολεμάει με τον Ποσειδώνα και η Αθηνά νικάει γιατί δίνει στους Αθηναίους μια ελιά, ενώ ο **Ποσειδώνας** χάνει γιατί τους δίνει νερό θαλασσινό και μετά...

Ποσειδώνας

ΑΣΠΑΣΙΑ :
Ωωωωω Αλέξανδρε!! Βαριέμαι! Αυτά τα ξέρω ήδη! Κάτι άλλο για την Ακρόπολη ξέρεις; Αυτά είναι όλα μυθολογία! Εγώ θέλω την ιστορία, αληθινά γεγονότα! Όχι **παραμύθια**!

το παραμύθι-
τα παραμύθια
favole / meta-
foricamente
bugie

ΑΛΕΞΑΝΔΡΟΣ :
Έχεις δίκιο, Ασπασία. Αλλά γιατί θέλεις μόνο ιστορία; Δεν σου αρέσει η μυθολογία;

ΑΣΠΑΣΙΑ :
Θέλω ιστορία για να μάθω το παρελθόν. Έτσι, θα είμαι έτοιμη για το μέλλον. Λαός που δεν ξέρει το παρελθόν του, κινδυνεύει στο μέλλον του να κάνει τα ίδια λάθη, Αλέξανδρε!

ΑΛΕΞΑΝΔΡΟΣ :
Ναι, αλλά και η μυθολογία χρήσιμη είναι!

CAPITOLO 4

ΑΣΠΑΣΙΑ :

Είναι, αλλά είναι παραμύθια. Ενδείξεις. Ο ένας πιστεύει ότι έγινε. **Ο ποιητής** βάζει **τέχνη** και λέει ό,τι θέλει με στολίδια. **Ο παραμυθάς** λέει γεγονότα, αλλά φτιάχνει μύθους. Η ιστορία είναι άλλο πράγμα, Αλέξανδρε! Δεν είναι λόγια η ιστορία, είναι γεγονότα με **ακρίβεια**, **ο πόλεμος** όπως έγινε. Όχι όπως λένε ότι έγινε!

ο ποιητής - η ποιήτρια
poeta

η τέχνη
arte

ο παραμυθάς - η παραμυθού
narratore

ακρίβεια
precisione

ο πόλεμος
guerra

ΑΛΕΞΑΝΔΡΟΣ :

Και τι τα χρειαζόμαστε όλα αυτά βρε Ασπασία;

ΑΣΠΑΣΙΑ :

Τα χρειαζόμαστε γιατί πρέπει να λέμε όσα λέγονται, αλλά δεν πρέπει να πιστεύουμε όσα λέγονται. Το λέει και ο Ηρόδοτος αυτό. Άλλο **οι φήμες**, άλλο **η πραγματικότητα**. Καταγράφουμε όσα ακούμε, αλλά τα δουλεύουμε. Ασκούμε κριτική στις φήμες, και μαθαίνουμε τα γεγονότα.

η φήμη, οι φήμες
voci

η πραγματικότητα
realtà

ΑΛΕΞΑΝΔΡΟΣ :

Αυτό είναι δύσκολο, Ασπασία. Στο **ίντερνετ** διαβάζω και φήμες και γεγονότα. Και τα δύο. Τι είναι η αλήθεια;

το ίντερνετ

ΔΙΑΛΟΓΟΥ IV

ΑΣΠΑΣΙΑ:

βλέπουμε
noi vediamo

Γι' αυτό, Αλέξανδρε, ασκούμε κριτική. Δεν πιστεύουμε έτσι εύκολα τις φήμες! Όταν έχουμε αυτοψία, πιστεύουμε το γεγονός. Δηλαδή όταν το **βλέπουμε**, το πιστεύουμε. Όταν δεν το **βλέπουμε**, δεν το πιστεύουμε.

ΑΛΕΞΑΝΔΡΟΣ :

μας αρέσει.
ci piace

Δύσκολα αυτά που μου λες, Ασπασία. Γι' αυτό σου λέω. Πάμε σινεμά. Εκεί δεν είναι σημαντική η αλήθεια ή το ψέμμα. Βλέπουμε μια ιστορία επειδή **μας αρέσει.**

ΑΣΠΑΣΙΑ :

μαθαίνεις
imparare

Τι σημαίνει μας αρέσει; Σημαντικό είναι τι **μαθαίνεις**, όχι τι σου αρέσει. Από τα γεγονότα, **μαθαίνεις**. Από τα ψευδή γεγονότα **μαθαίνεις** ψευδή. Άρα δεν πάμε σινεμά, Αλέξανδρε, ούτε ακούω μύθους και παραμύθια. Για τον Θεμιστοκλή ξέρεις κάτι;

ΑΛΕΞΑΝΔΡΟΣ :

κουράστηκα
sono stanco

Ξέρω, Ασπασία. Αλλά **κουράστηκα** σήμερα. Θα διαβάσω καλά και σου λέω αύριο.

CAPITOLO 4

ΑΣΚΗΣΕΙΣ ΚΑΤΑΝΟΗΣΗΣ ΔΙΑΛΟΓΟΥ
ESERCIZI DI COMPRENSIONE

1. Η Ασπασία θέλει να μάθει, γι' αυτό ψάχνει την;
   α) Σοφία, την φίλη της Κατερίνας.
   β) σοφία, την γνώση των πραγμάτων.
   γ) τη νύφη της Ασπασίας, την Σοφία.
   δ) τη νύφη της Σοφίας, την Ασπασία.

2. Πώς λένε το κορίτσι που έχει διάλογο με τον Αλέξανδρο;
   α) Μαρία
   β) Μαρίζα
   γ) Περσεφόνη
   δ) Ασπασία

3. Τι είναι η μυθολογία, σύμφωνα με τον Αλέξανδρο;
   α) χρήσιμη
   β) παραμύθια και ενδείξεις
   γ) ιστορία
   δ) χρήσιμα παραμύθια

4. Τι είναι η αυτοψία;
   α) είναι όταν ακούμε κάτι.
   β) είναι όταν τρώμε κάτι.
   γ) είναι όταν βλέπουμε κάτι.
   δ) είναι όταν μυρίζουμε κάτι.

ΔΙΑΛΟΓΟΥ IV

5. Πότε δεν έχει σημασία η αλήθεια και το ψέμα που λέει ο Αλέξανδρος;
   α) στο σινεμά
   β) στην ιστορία
   γ) στην επιστήμη
   δ) πάντα έχει σημασία η αλήθεια και το ψέμα

6. Ασκούμε κριτική όπως λέει η Ασπασία:
   α) όταν δεν πιστεύουμε σε φήμες
   β) όταν πιστεύουμε σε φήμες
   γ) όταν πιστεύουμε σε όλα
   δ) όταν πιστεύουμε στα παραμύθια

ΑΣΚΗΣΕΙΣ ΓΙΑ ΚΟΥΒΕΝΤΑ ΔΙΑΛΟΓΟΥ
ESERCIZI DI DISCUSSIONE

1. Πώς ξεχωρίζεις τι είναι φήμες και τι γεγονότα; Πώς διαλέγεις τι πιστεύεις;

2. Πώς μαθαίνεις τα νέα κάθε μέρα;

3. Το ωραίο είναι και χρήσιμο; Ή όχι; Ό,τι σου αρέσει είναι εύκολο; Ή δύσκολο;

CAPITOLO 5

5

Ο ΗΡΑΚΛΗΣ ΚΑΙ Ο ΑΛΕΞΑΝΔΡΟΣ

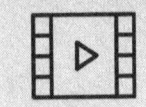

ΑΛΕΞΑΝΔΡΟΣ :
Και αυτός εκεί ο κύριος; Με το **λιοντάρι**; Ποιος είναι; Κύριε, συγγνώμη, πώς λέγεστε; Ποιος είστε;

το λιοντάρι

ΗΡΑΚΛΗΣ :
Εγώ είμαι ο Ηρακλής! Με λένε Ηρακλή. Εσύ ποιος είσαι;

ΑΛΕΞΑΝΔΡΟΣ :
Εγώ είμαι ο Αλέξανδρος. Κύριε Ηρακλή, γιατί είστε **μεγάλος** και **δυνατός**;

δυνατός

μεγάλος
grande

ΗΡΑΚΛΗΣ :
Γιατί η μητέρα μου είναι η Αλκμήνη, αλλά πατέρας μου είναι θεός. Ο Θεός! **Ο Δίας**, ο μεγάλος! Άρα εγώ είμαι **μισός θεός**. Ημίθεος!

Ο Δίας
μισός θεός
semidio

ΑΛΕΞΑΝΔΡΟΣ :
Και τώρα; Τι κάνετε εκεί;

49

ΔΙΑΛΟΓΟΥ V

χτυπάω

ΗΡΑΚΛΗΣ :

Χτυπάω ένα λιοντάρι! Αλλά αυτό το βέλος δεν κάνει.

Ο ξάδερφός μου, ο Ευρυσθέας, μου δίνει συνέχεια άθλους. Και εγώ τους κάνω.

λιονταράκι
un piccolo leone

ΑΛΕΞΑΝΔΡΟΣ :

Δύσκολα ναι; Είναι πολύ μεγάλο το λιοντάρι αυτό! Πω πω πω!

μικρό
piccolo

Γατάκι

ΗΡΑΚΛΗΣ :

Δεν είναι μεγάλο το λιοντάρι της Νεμέας! **Μικρό** είναι. Λιονταράκι. Αααααπ!

Τίποτα δεν είναι **δύσκολο** για μένα. Ώπα. Ορίστε. **Γατάκι λιονταράκι!** Τέλος!

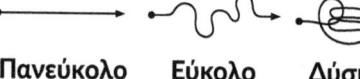   

Πανεύκολο   Εύκολο   Δύσκολο   Πολύ δύσκολο   Αδύνατον
               Facile   Difficile

CAPITOLO 5

ΑΛΕΞΑΝΔΡΟΣ :

Κύριε Ηρακλή, πού μένετε;

ΗΡΑΚΛΗΣ :

Μένω στη Θήβα! Αλλά τώρα με το Λιοντάρι της Νεμέας, μένω όπου είμαι την ώρα του άθλου! Πάμε τώρα;

ΑΛΕΞΑΝΔΡΟΣ :

Πού πάμε;

ΗΡΑΚΛΗΣ :

Πάμε και σου λέω **στο δρόμο**... Αλλά τα "Κύριε" και οι **πληθυντικοί**, τέλος! Είμαστε φίλοι. Θα μου μιλάς στον **ενικό**! Εντάξει;

ΑΛΕΞΑΝΔΡΟΣ :

Εντάξει. Θα σου **μιλώ** στον **ενικό**.

ο δρόμος

στο δρόμο
sulla strada

πληθυντικοί
plurale

ενικό
singolare

μιλώ

ΔΙΑΛΟΓΟΥ V

ΑΣΚΗΣΕΙΣ ΚΑΤΑΝΟΗΣΗΣ ΔΙΑΛΟΓΟΥ
ESERCIZI DI COMPRENSIONE

1. Ποιος είναι ο κύριος με το λιοντάρι;
   α) ο Αλέξανδρος
   β) ο Αλέκος
   γ) ο Ηρακλής
   δ) ο Αλέξανδρος και Αλέκος

2. Η μητέρα του Ηρακλή είναι η
   α) Δήμητρα
   β) Αλκμήνη
   γ) Αλεξάνδρα
   δ) Ήρα

3. Από πού είναι ο Ηρακλής;
   α) από την Νεμέα
   β) από την Αθήνα
   γ) από την Θήβα
   δ) από την Κόρινθο

4. Ο Ηρακλής είναι ημίθεος, δηλαδή;
   α) ήρωας
   β) μισός θεός
   γ) θεός
   δ) φιλόσοφος

5. Ο πατέρας του Ηρακλή είναι
   α) ιερέας
   β) θεός
   γ) ο θεός ο Δίας
   δ) ο Ποσειδώνας

ΑΣΚΗΣΕΙΣ ΓΙΑ ΚΟΥΒΕΝΤΑ ΔΙΑΛΟΓΟΥ
ESERCIZI DI DISCUSSIONE

1. Ο Ηρακλής είναι από ευγενική γενιά μόνο; Ανήκει σε μία φυλή; Ή προέρχεται από δύο οικογένειες; Τι συνέπειες έχει αυτό κατά τη γνώμη σου;

2. Τι κάνει ένα πράγμα δύσκολο; Το μέγεθός του; Ή το πώς το βλέπουμε;

3. Πώς μιλάς ευγενικά εσύ στην μητρική σου γλώσσα και στα ελληνικά;

CAPITOLO 6

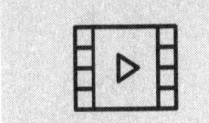

6

ΟΙ ΓΟΝΕΙΣ ΤΟΥ ΕΡΩΤΑ

ΑΛΕΞΑΝΔΡΟΣ :

Ε, Έρωτα! Ποια είναι αυτή; Όμορφη είναι!

ΕΡΩΤΑΣ :

Α! Αυτή είναι θεά! Είναι η θεά μου και μαμά μου, η Αφροδίτη!

ΑΛΕΞΑΝΔΡΟΣ :

Η Αφροδίτη είναι η μαμά σου; Και τι κάνει η μαμά σου;

ΕΡΩΤΑΣ :

Την μαμά μου την λένε Αφροδίτη, γιατί είναι από τον αφρό **της θάλασσας**! Τι κάνει η Αφροδίτη; Τίποτε δεν κάνει. Η Αφροδίτη λέει ψέμματα όλη την ημέρα. Και εγώ λέω ψέμματα όλη την ημέρα.

η θάλασσα, της θάλασσας
del mare

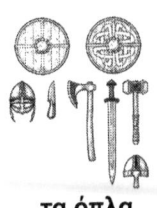

τα όπλα

ΑΛΕΞΑΝΔΡΟΣ :

Και μπαμπάς σου ποιος είναι; Αυτός εκεί με **τα όπλα**;

53

ΔΙΑΛΟΓΟΥ VI

Ο Άρης
ο στρατιώτης
il soldato

ΕΡΩΤΑΣ :
Ναι, αυτός. **Ο Άρης ο στρατιώτης!**

ΑΛΕΞΑΝΔΡΟΣ :
Και αυτός; Ο μικρός;

ΕΡΩΤΑΣ :
Αυτός ο μικρός είμαι εγώ.

η φωτογραφία

ΑΛΕΞΑΝΔΡΟΣ :
Ωραία **φωτογραφία**!

η τοιχογραφία
murale

ΕΡΩΤΑΣ :
Δεν είναι **φωτογραφία**! **Τοιχογραφία** είναι!

ΑΛΕΞΑΝΔΡΟΣ :
Δίκιο έχεις. **Τοιχογραφία**, λοιπόν...

CAPITOLO 6

ΑΣΚΗΣΕΙΣ ΚΑΤΑΝΟΗΣΗΣ ΔΙΑΛΟΓΟΥ
ESERCIZI DI COMPRENSIONE

1. Πώς λένε τον θεό στον διάλογο;
   α) Αλέξανδρο
   β) Αλέκο
   γ) Ερωτα
   δ) Ηρακλή

2. Ο πατέρας του Έρωτα είναι
   α) ο Δίας
   β) ο Άρης
   γ) ο Ποσειδώνας
   δ) δεν έχει πατέρα ο Έρωτας

3. Η μητέρα του Έρωτα είναι
   α) η Δήμητρα
   β) η Αφροδίτη
   γ) η Περσεφόνη
   δ) δεν έχει μητέρα ο Έρωτας

4. Πως λέγεται η εικόνα με τον Έρωτα και τους γονείς του;
   α) φωτογραφία
   β) τοιχογραφία
   γ) εικονογραφία
   δ) ζωγραφιά

5. Τι κρατάει ο μπαμπάς του Έρωτα;
   α) όπλα
   β) φίδια
   γ) μία φωτογραφία
   δ) μία τοιχογραφία

ΑΣΚΗΣΕΙΣ ΓΙΑ ΚΟΥΒΕΝΤΑ ΔΙΑΛΟΓΟΥ
ESERCIZI DI DISCUSSIONE

1. Κατά τη γνώμη σου, έχει κοινά ο Έρωτας με τον Πόλεμο;

2. Τι πιστεύεις για τα όπλα; Τα αληθινά όπλα, αλλά και το όπλο του μυαλού, το νου. Ποιο είναι πιο δυνατό;

3. Τι είναι όμορφο για σένα; Το όμορφο είναι πάντα και καλό κατά τη γνώμη σου;

ΔΙΑΛΟΓΟΥ VII

7
ΜΙΑ ΟΙΚΟΓΕΝΕΙΑ, ΤΟΥ ΗΡΑΚΛΗ

ΑΛΕΞΑΝΔΡΟΣ :
Ηρακλή, καλημέρα.

ΗΡΑΚΛΗΣ :
Καλημέρα, Αλέξανδρε. Πάμε; Σήμερα βλέπω τον Ευρυσθέα.

ΑΛΕΞΑΝΔΡΟΣ :
Εσύ βλέπεις τον Ευρυσθέα; Γιατί;

ΗΡΑΚΛΗΣ :
Ωωωωω! Μεγάλη ιστορία! Σου λέω;

ΑΛΕΞΑΝΔΡΟΣ :
Μου λες, παρακαλώ; Τι είναι ο Ευρυσθέας;

ΗΡΑΚΛΗΣ :
Ο Ευρυσθέας είναι **ξάδερφος**. Αλλά ένα - ένα! Λοιπόν, ο **πατέρας** μου ποιος είναι;

ο ξάδερφος
cugino

ο πατέρας
padre

CAPITOLO 7

ΑΛΕΞΑΝΔΡΟΣ :

Ο πατέρας σου είναι ο Δίας, ο Θεός. Γιατί Ηρακλή; Χμ! Η μητέρα σου ποια είναι;

ΗΡΑΚΛΗΣ :

Μπράβο! Λοιπόν, ναι. Η μητέρα μου δεν είναι θεά. Ένα - ένα όμως! **Ο Δίας** δουλεύει όλες τις δουλειές. Αλλά οι άλλοι θεοί όχι. Ο θεός **Ποσειδώνας** είναι **ψαράς**, η θεά **Δήμητρα** είναι **αγρότισσα**. Έχει **φάρμα**. **Ο Απόλλων** είναι μάντης και **μουσικός**, ο Άρης είναι **στρατιώτης**, και η Αφροδίτη είναι όμορφη. Μεγάλη οικογένεια!

Ο Ποσειδώνας είναι θείος μου, δηλαδή αδερφός του Δία, του πατέρα μου. Ψαρεύει στη θάλασσα με την τρίαινα. **Η Εστία** είναι θεία μου, δηλαδή αδερφή του Δία. Μαγειρεύει και καθαρίζει το σπίτι.

ο ψαράς
pescatore

η αγρότισσα
contadina

η φάρμα
fattoria

η μουσικός
musicista

ο στρατιώτης
soldato

Η Εστία
Vesta (ma è anche un verbo, εστιάζω, mettere a fuoco)

Ο Δίας   Ο Ποσειδώνας   Η Δήμητρα

Ο Απόλλων   Ο Αρης

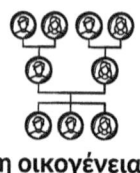
η οικογένεια

ΑΛΕΞΑΝΔΡΟΣ :

Ωραία, ωραία. Ξέρω, είναι μεγάλη **οικογένεια**. Δώδεκα θεοί! Τελοσπάντων, και;

ΗΡΑΚΛΗΣ :

Ναι, οικογένεια, αλλά είναι δύσκολα τα πράγματα. Η Ήρα είναι μητριά μου, όχι μητέρα μου. Μητριά μου, θετή μου μητέρα! Παντρεύτηκε τον πατέρα μου, αλλά δεν είναι η βιολογική μου μητέρα. Με μισεί, γιατί ο άντρας της, ο Δίας είναι μπαμπάς μου. Η Ήρα ζηλεύει πολύ τον Δία. Αυτή έχει πολλά πολλά νεύρα! Η Ήρα κάνει τη ζωή μου δύσκολη.

η **μανία**
mania

Θυμάμαι, μικρό παιδί, μωρό και η Ήρα στέλνει δύο φίδια. Τι κακή γυναίκα! Εγώ με δύναμη τα σκοτώνω. Πάλι καλά! Δόξα τω θεώ, δόξα τω Δία, ευτυχώς! Αλλά και τώρα με μισεί. Μία ημέρα, μου στέλνει **μανία** και κάνω κακό στα παιδιά μου και τη γυναίκα μου, την Μεγάρα. Μεγάλο κακό!

Η Πυθία

Πάω στον Απόλλωνα. "Ω Απόλλωνα, μάντη θεέ, τι κάνω τώρα;" λέω. "Τώρα" μου λέει η **Πυθία** "εμπρός στις Μυκήνες, στον βασιλιά!"

Ο Βασιλιάς

"Ω Απόλλωνα, πώς λένε τον **Βασιλιά;**" ρωτάω. "Αυτόν τον λένε Ευρυσθέα! Τώρα υπηρετείς τον Ευρυσθέα! Τώρα κάνεις άθλους! Δώδεκα άθλους! Μετά θα είσαι Θεός. Μετά θα πας στον Όλυμπο. Τώρα είσαι ημίθεος. Έξω!"

ΑΛΕΞΑΝΔΡΟΣ :

Και εσύ τι κάνεις μετά;

CAPITOLO 7

ΗΡΑΚΛΗΣ :

Μετά εγώ πάω στον Ευρυσθέα, τον **Βασιλιά**. Πολύ κακός **Βασιλιάς** ο Ευρυσθέας. "Θέλω αυτό, θέλω αυτό!" όλη την ώρα.

ΑΛΕΞΑΝΔΡΟΣ :

Δηλαδή;

ΗΡΑΚΛΗΣ :

Δηλαδή όλη την ώρα κάνω άθλους. Δέκα; Δώδεκα; Δεν ξέρω!

ΑΛΕΞΑΝΔΡΟΣ :

Πω πω, μεγάλη ιστορία! Και πολύ χάλια...

ΗΡΑΚΛΗΣ :

Πολύ χάλια, αλλά έχω δύναμη. Εντάξει.

ΑΛΕΞΑΝΔΡΟΣ :

Και τώρα πού πας;

ΗΡΑΚΛΗΣ :

Πάω αυτό εδώ το λιοντάρι στον Ευρυσθέα. Ω-πα! (σφίξιμο γιατί σηκώνει την λεοντή) Στις Μυκήνες. Πάμε;

ΑΛΕΞΑΝΔΡΟΣ :

Πάμε!

ΔΙΑΛΟΓΟΥ VII

ΑΣΚΗΣΕΙΣ ΚΑΤΑΝΟΗΣΗΣ ΔΙΑΛΟΓΟΥ
ESERCIZI DI COMPRENSIONE

1. Πού μένει ο Ευρυσθέας;
   α) στις Μυκήνες
   β) στην Κόρινθο
   γ) στην Αθήνα
   δ) στην Νεμέα

2. Τι είναι ο Ευρυσθέας;
   α) αδελφός του Ηρακλή
   β) ξάδελφος του Ηρακλή
   γ) αδελφός του Αλέξανδρου
   δ) ξάδελφος του Αλέξανδρου

3. Τι είναι ο Απόλλωνας;
   α) είναι ήρωας
   β) είναι θεός και μάντης
   γ) είναι βασιλιάς
   δ) είναι μάντης

4. Ο θεός Ποσειδώνας είναι
   α) στρατιώτης
   β) μάντης
   γ) αγρότης
   δ) ψαράς

5. Ο θεός Άρης είναι
   α) αγρότης
   β) στρατιώτης
   γ) φιλόσοφος
   δ) ψαράς

ΑΣΚΗΣΕΙΣ ΓΙΑ ΚΟΥΒΕΝΤΑ ΔΙΑΛΟΓΟΥ
ESERCIZI DI DISCUSSIONE

1. Οι αρχαίοι θεοί διαλέγουν τι δουλειές κάνουν; Κάνουν δουλειές του μυαλού ή με τα χέρια τους;

2. Κατά τη γνώμη σου, οι αρχαίοι θεοί είναι αυτό που θα λέγαμε σήμερα καλοί πάντα; Έχουν ανθρώπινα πάθη;

3. Τι είναι η μανία στην αρχαία μυθολογία; Τι είναι για σένα η μανία σήμερα;

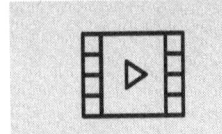

8
Ο ΠΟΛΕΜΟΣ ΣΤΟΝ ΕΡΩΤΑ

ΕΡΩΤΑΣ :
Τι είναι αυτό εκεί, αυτό στα χέρια σου, Αλέξανδρε;

ΑΛΕΞΑΝΔΡΟΣ :
Στα χέρια μου; Αυτό είναι ένα **βιβλίο**. Γιατί;

το βιβλίο

ΕΡΩΤΑΣ :
Βιβλίο; Ποιο **βιβλίο** είναι αυτό;

ΑΛΕΞΑΝΔΡΟΣ :
Είναι τα "Αντιφάρμακα του Έρωτα" του Οβιδίου του ποιητή.

ΕΡΩΤΑΣ :
Ωχ όχι! Αυτό το **βιβλίο**; Γιατί;

ΑΛΕΞΑΝΔΡΟΣ :
Γιατί όχι; Είναι καλό **βιβλίο**.

ΕΡΩΤΑΣ :
Απολύτως όχι! Αυτό το βιβλίο είναι **πόλεμος**, **πόλεμος** στον έρωτα, **πόλεμος** σε εμένα! Φεύγω, καταραμένε Οβίδιε!

ο πόλεμος
guerra

ΔΙΑΛΟΓΟΥ VIII

ΑΛΕΞΑΝΔΡΟΣ :

Όχι, δεν λέει κακά για εσένα αυτό το βιβλίο. Σιγά!

ΕΡΩΤΑΣ :

η **αλήθεια**
verità

Και τι λέει; Λέει πολύ κακά για μένα! **Αλήθεια** σου λέω, αυτό το βιβλίο είναι πόλεμος, Αλέξανδρε!

η **δουλειά**
lavoro

ΑΛΕΞΑΝΔΡΟΣ :

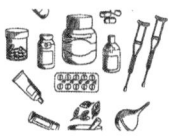

Αυτό το βιβλίο; Όχι! Λέει ότι η **δουλειά** κάνει καλό. Λέει ότι για τον άτυχο έρωτα το καλό **φάρμακο** είναι η δουλειά, **οι νόμοι** ή ο πόλεμος ή **η αγροτική ζωή**. Έρωτα, εσύ είσαι ένα παιδί. Τα παιδιά παίζουν. Και εσύ, σου πάει να παίζεις.

το **φάρμακο**

οι νόμοι
leggi

η **αγροτική ζωή**
vita rurale

ΕΡΩΤΑΣ :

Μου πάει να **παίζω**; Άρα και **ψέμματα** λέω και όλα! Ναι;

παίζω
sto giocando

τα **ψέμματα**
bugie

ΑΛΕΞΑΝΔΡΟΣ :

Ο Πάρης και Η Ελένη
Paride ed Elena

Ο Μενέλαος
Menelao

Η Τροία
Troia

Εσύ, Έρωτα, και ψέμματα λες και αλήθεια λες. Το βιβλίο είναι για τον ψεύτη έρωτα. Το βιβλίο είναι για όταν λες ψέμματα, Έρωτα. Όταν λες ψέμματα, προδίδεις την αλήθεια! Να, παράδειγμα, **ο Πάρης και η Ελένη**. Το βιβλίο λέει, το διαβάζει ο Πάρης; Ο Πάρης μαθαίνει για τον έρωτα της αλήθειας. Έτσι, η Ελένη μένει γυναίκα του **Μενελάου**, ο Πάρης μένει στην **Τροία** και όλα καλά. Όλοι λένε μόνο την αλήθεια και δεν έχουμε πόλεμο.

CAPITOLO 8

ΕΡΩΤΑΣ :
Ναι, αλλά έτσι, Αλέξανδρε, δεν έχουμε πόλεμο, δεν έχουμε Ιλιάδα. Όλοι λένε μόνο την αλήθεια, αλλά ο Πάρης λέει ψέματα. Ποια είναι ωραία; Η Ήρα; Η Αθηνά; Ή η μαμά μου, η Αφροδίτη; Έτσι δεν είναι παιχνίδι, Αλέξανδρε! Δεν παίζω έτσι! Φεύγω τώρα!

ΑΛΕΞΑΝΔΡΟΣ :
Και πού πας τώρα Έρωτα;

ΕΡΩΤΑΣ :
Δεν ξέρω, φεύγω! Σίγουρα! Γεια σου, γεια σου, Αλέξανδρε! Ζήτω το παιχνίδι!

ΑΛΕΞΑΝΔΡΟΣ :
Α αυτός είναι **τρελούτσικος**! Γεια σου Έρωτα!

τρελούτσικος
eccentrico

ΔΙΑΛΟΓΟΥ VIII

ΑΣΚΗΣΕΙΣ ΚΑΤΑΝΟΗΣΗΣ ΔΙΑΛΟΓΟΥ
ESERCIZI DI COMPRENSIONE

1. Ποιο βιβλίο κρατάει στα χέρια του ο Αλέξανδρος;
   α) «τα αντιφάρμακα του Έρωτα»
   β) «τα αντιφάρμακα του Οβίδιου»
   γ) «τα φάρμακα του Έρωτα»
   δ) «τα φάρμακα του Οβίδιου»

2. Ο Έρωτας λέει ότι αυτό το βιβλίο λέει
   α) κακά πράγματα για τον Έρωτα
   β) καλά πράγματα για τον Έρωτα
   γ) τα φάρμακα για τον Έρωτα
   δ) για αντιφάρμακα

3. Ο Έρωτας
   α) λέει ψέματα
   β) λέει αλήθειες
   γ) λέει ψέματα και αλήθειες
   δ) λέει κακά πράγματα

4. Ο Πάρης μαθαίνει για τον Έρωτα
   α) της αλήθειας
   β) του ψέματος
   γ) του πολέμου
   δ) της φιλοσοφίας

ΑΣΚΗΣΕΙΣ ΓΙΑ ΚΟΥΒΕΝΤΑ ΔΙΑΛΟΓΟΥ
ESERCIZI DI DISCUSSIONE

1. Τι είναι για σένα έρωτας σήμερα; Πώς βρίσκεται; Χρειάζεται φάρμακα και αντιφάρμακα όπως προτείνει ο Οβίδιος;

2. Πώς ζεις έναν άτυχο έρωτα; Ποιος έρωτας δεν είναι άτυχος;

3. Τι είναι παιχνίδι για σένα;

CAPITOLO 9

9
ΤΟ ΟΝΕΙΡΟ ΤΟΥ ΗΡΑΚΛΗ

ΑΛΕΞΑΝΔΡΟΣ :
Ηρακλή! Ε, Ηρακλή! Τι κάνεις;

ΗΡΑΚΛΗΣ :
(Ροχαλητό πάλι)

ΑΛΕΞΑΝΔΡΟΣ :
Ηρακλή! Πού είσαι;

ΗΡΑΚΛΗΣ :
(Ροχαλητό - τρομάζει) Ωχού! Εδώ είμαι! Στον Άδη! Μπα, μα τον Δία; Στον Άδη; Στον Κάτω Κόσμο; Τι κάνω εγώ στον Κάτω Κόσμο; Αφού είμαι **ζωντανός**, δεν είμαι **πεθαμένος**!

ο ζωντανός
qualcuno che vive

ο πεθαμένος
morto

ΑΛΕΞΑΝΔΡΟΣ :
Ηρακλή, ζωντανός είσαι, δεν είσαι στον Κάτω Κόσμο!

ΗΡΑΚΛΗΣ :
Ωχ ναι. Πω πω πω! Τι **όνειρο** και αυτό! Βλέπω **όνειρο** στον ύπνο μου και τι βλέπω ρε Αλέξανδρε;

το όνειρο
sogno

ΔΙΑΛΟΓΟΥ ΙΧ

το σκυλί

τρία κεφάλια
tre teste

ο Κέρβερος

το κεφάλι δράκου

η ουρά του Κερβέρου
la coda di Cerbero

ο ποταμός

οι ψυχές
anime

το κρασί

ΑΛΕΞΑΝΔΡΟΣ :
Τι βλέπεις, Ηρακλή;

ΗΡΑΚΛΗΣ :
Να, βλέπω τρελά πράγματα! Είμαι, λέει, στον Κάτω Κόσμο. Κυνηγάω ένα **σκυλί**, με **τρία κεφάλια**, τον **Κέρβερο**.

ΑΛΕΞΑΝΔΡΟΣ :
Α ναι, **ο Κέρβερος**! Το ξέρω αυτό το σκυλί! Τρομερό σκυλί! Τρία κεφάλια και στην ουρά ένας δράκος! Αλλά πώς και βλέπεις αυτό το όνειρο;

ΗΡΑΚΛΗΣ :
Ναι, δεν ξέρω! Τρελά πράγματα! Αυτό **το κεφάλι δράκου** στην **ουρά του Κερβέρου** με δαγκώνει. Εγώ παλεύω με τα τρία κεφάλια, στις Πύλες του Άδη.

ΑΛΕΞΑΝΔΡΟΣ :
Στον **Ποταμό** Αχέροντα;

ΗΡΑΚΛΗΣ :
Ναι, στον **ποταμό** Αχέροντα! Πολύ σκοτάδι εκεί, πολλά δέντρα και πολλές **ψυχές** ανθρώπων πεθαμένων. Φωνάζουν γιατί πάνε στον Κάτω Κόσμο. Οι πεθαμένοι θέλουνε **κρασί**.

ΑΛΕΞΑΝΔΡΟΣ :
Και μετά τι κάνεις; Σκοτώνεις τον Κέρβερο;

CAPITOLO 9

ΗΡΑΚΛΗΣ :

Όχι, δεν σκοτώνω τον Κέρβερο. Τον δένω δυνατά με **τα χέρια** μου. Μετά βλέπω τον Μελέαγρο, τον ήρωα από τον Πόλεμο της Τροίας.

τα χέρια

ΑΛΕΞΑΝΔΡΟΣ :

Και τι σου λέει;

ΗΡΑΚΛΗΣ :

Ο Μελέαγρος; Τρελά πράγματα μου λέει. "Αυτή είναι η γυναίκα σου, Ηρακλή!"
"Ποια είναι η γυναίκα μου, Μελέαγρε;" τον ρωτάω.
"Αυτή εδώ, η αδερφή μου, η Δηιάνειρα!"

ΑΛΕΞΑΝΔΡΟΣ :

Καλά λέει ο Μελέαγρος, η Δηιάνειρα είναι η γυναίκα σου.

ΗΡΑΚΛΗΣ :

Ναι, αλλά αυτό το όνομα δεν μου αρέσει. Δεν είναι καλό όνομα το "Δηιάνειρα". Ξέρεις τι σημαίνει "Δηιάνειρα";

ΑΛΕΞΑΝΔΡΟΣ :

Όχι, τι σημαίνει;

ΗΡΑΚΛΗΣ :

Σημαίνει "αυτή που καταστρέφει τον άντρα της". Δηλαδή, τον Ηρακλή! Δεν θέλω την **καταστροφή** μου, Αλέξανδρε. Ωχ τώρα. Τι όνειρο και αυτό. Εγώ,

η καταστροφή
distruzione

Αλέξανδρε, είμαι παντρεμένος με τη Μεγάρα. Τώρα η Μεγάρα δεν είναι εδώ, είναι στον Κάτω Κόσμο. Άλλη γυναίκα; Νέα; Η Δηιάνειρα;

ΑΛΕΞΑΝΔΡΟΣ :
Παιδιά έχεις, Ηρακλή;

ΗΡΑΚΛΗΣ :
Τώρα δεν έχω πια. Γιατί;

ΑΛΕΞΑΝΔΡΟΣ :
Ε, η Δηιάνειρα κάνει παιδιά! Καλό νέο δηλαδή!

ΗΡΑΚΛΗΣ :
Δεν ξέρω. Εγώ δεν **πιστεύω** πολύ στα όνειρα. Ευτυχώς τώρα δεν **κοιμάμαι** και **βλέπω καθαρά**. Λοιπόν, πάμε; Έχουμε άθλους πολλούς μπροστά!

πιστεύω
credere

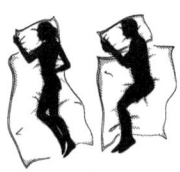

κοιμάμαι

βλέπω καθαρά
io vedo
chiaramente

ΑΛΕΞΑΝΔΡΟΣ :
Πολλούς; Δηλαδή;

ΗΡΑΚΛΗΣ :
Δηλαδή τώρα έχω αυτό το λιοντάρι της Νεμέας. Ο Ευρυσθέας θέλει αυτό το λιοντάρι στις Μυκήνες. Πάμε;

ΑΛΕΞΑΝΔΡΟΣ :
Πάμε, λοιπόν. Στις Μυκήνες!

ΑΣΚΗΣΕΙΣ ΚΑΤΑΝΟΗΣΗΣ ΔΙΑΛΟΓΟΥ
ESERCIZI DI COMPRENSIONE

1. Η Διηάνειρα είναι η
   α) γυναίκα του Ηρακλή
   β) γυναίκα του Μελέαγρου
   γ) αδελφή του Αλέξανδρου
   δ) αδελφή του Μελέαγρου

2. Τι σημαίνει το όνομα «Διηάνειρα»;
   α) καταστρέφει τον άντρα της
   β) καταστρέφει τον αδελφό της
   γ) καταστρέφει τον εξάδελφό της
   δ) καταστρέφει το παιδί της

3. Ο Κέρβερος είναι ένα τέρας
   α) σκυλί με τέσσερα κεφάλια και τέσσερα πόδια
   β) σκυλί με τρία κεφάλια
   γ) ψάρι με δύο κεφάλια
   δ) σκυλί με έξι πόδια και τέσσερα κεφάλια

4. Η γυναίκα του Ηρακλή είναι η
   α) Ελένη
   β) Δήμητρα
   γ) Μεγάρα
   δ) Αθηνά

5. Ο Ευρυσθέας θέλει το λιοντάρι
   α) στην Νεμέα
   β) στην Σπάρτη
   γ) στις Μυκήνες
   δ) στην Αθήνα

ΑΣΚΗΣΕΙΣ ΓΙΑ ΚΟΥΒΕΝΤΑ ΔΙΑΛΟΓΟΥ
ESERCIZI DI DISCUSSIONE

1. Σου αρέσουν τα ζώα; Είναι για χρήση ή για συντροφιά και παρέα;

2. Πιστεύεις στα όνειρα και τη δύναμη τους; Αν όχι, γιατί;

3. Στην αρχαία Ελλάδα υπήρχε ο Αχέροντας, ο Κάτω Κόσμος και ο Άδης. Σε άλλες θρησκείες υπάρχει ο Παράδεισος ή το Τιαμ του Κομφούκιου ή η Βραχμαλόκα του Βουδισμού. Εσύ πιστεύεις στο Επέκεινα και τη Ζωή μετά θάνατον;

ΔΙΑΛΟΓΟΥ Χ

10
Ο ΗΡΑΚΛΗΣ ΣΤΟΝ ΕΥΡΥΣΘΕΑ

εδώ
qui

πού
dove?

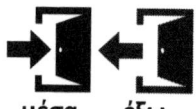
μέσα   **έξω**

το παλάτι

το πιθάρι
the Pythos

εκεί
là

ψηλά
alto

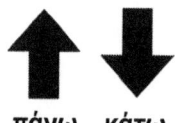
πάνω   **κάτω**

η αγορά
il mercato

ΗΡΑΚΛΗΣ :

Ευρυσθέα! Ε, Ευρυσθέα! Είμαι **εδώ**! Έχω το Λιοντάρι της Νεμέας! **Πού** είσαι;

ΑΛΕΞΑΝΔΡΟΣ :

Ναι, πού είναι αυτός; Είμαστε **μέσα** στο παλάτι, αλλά αυτός δεν είναι εδώ. Πού είναι ο Ευρυσθέας; Μήπως είναι **έξω** από το **παλάτι**;

ΗΡΑΚΛΗΣ :

Δεν ξέρω πού είναι... Ευρυσθέα! Ε, Ευρυσθέα! Ο Ηρακλής είμαι, έχω το λιοντάρι! Είσαι εδώ; Μπα... Μόνο ένα **πιθάρι** βλέπω εδώ. **Εκεί** πίσω είναι ο θρόνος του Βασιλιά Ευρυσθέα, αλλά ο ίδιος ο Ευρυσθέας δεν είναι εδώ. Μήπως είναι **πάνω**, στην Ακρόπολη των Μυκηνών, **ψηλά** στο βουνό;

ΑΛΕΞΑΝΔΡΟΣ :

Πάω εγώ **κάτω** στην **αγορά**. Ρωτάω εγώ εκεί, και σου λέω τι μαθαίνω. Μετά, πάω πάνω, στην Ακρόπολη, ίσως είναι εκεί.

CAPITOLO 10

ΗΡΑΚΛΗΣ :

Εντάξει. Εγώ περιμένω εδώ. Βλέπω μόνο ένα πιθάρι. Τι έχει μέσα; **Μισό λεπτό**, Αλέξανδρε. Τι έχει αυτό το πιθάρι μέσα; **Ελιές**; **Λάδι**; Κρασί; Νερό; **Διψάω**, θέλω λίγο νερό. Για να δω, τι έχει μέσα...

μισό λεπτό!
solo un minuto!

οι ελιές

ΑΛΕΞΑΝΔΡΟΣ :

Τι έχει; Τι έχει μέσα στο πιθάρι; Ο Ευρυσθέας, πάντως, πιστεύω είναι έξω από το παλάτι. Ο Ευρυσθέας μάλλον είναι στην **πόλη**, στην Αγορά ή δεν ξέρω. Πάντως, έξω από τα **τείχη**, στους αγρούς, δεν είναι. Ο Ευρυσθέας είναι μέσα στα τείχη, μέσα στην πόλη, αλλά έξω από το παλάτι!

το λάδι

διψάω
essere assetato

η πόλη
la città

τα τείχη
le mura

ΗΡΑΚΛΗΣ :

Για να δω... Ωπ! Ρε δεν είμαστε καλά! Ευρυσθέα! Εσύ; Τι κάνεις μέσα στο πιθάρι;

ΕΥΡΥΣΘΕΑΣ :

Φύγε παλιο- λιοντάρι! Πω πω πω έφαγες τον Ηρακλή και τώρα μιλάς! Είσαι πολύ κακό λιοντάρι! Φύγε λιοντάρι, **φοβάμαι**! Ουστ! Ξξξξσσσσσςςςς! Ξσσσσσςςς! Ουστ!

φύγε!
vai via!

φοβάμαι
avere paura

ΗΡΑΚΛΗΣ :

Βρε ποιο λιοντάρι; Ο Ηρακλής είμαι! Το σκότωσα το λιοντάρι!

ΕΥΡΥΣΘΕΑΣ :

Εσύ; Σκότωσες το λιοντάρι; Και αυτό τι είναι; Αυτό είναι το λιοντάρι! Δία μου καλέ μου, σώσε, το φοβάμαι αυτό το λιοντάρι! Απα παπα! Ουστ!

ΗΡΑΚΛΗΣ :

Βρε Βασιλιά Ευρυσθέα, αυτό δεν είναι το λιοντάρι! Αυτό είναι το τομάρι του λιονταριού! Σου λέω, το σκότωσα το λιοντάρι, εγώ! Τώρα το έφερα εδώ, για σένα. Το λιοντάρι δεν θέλεις; Αφού λες, "Θέλω το Λιοντάρι της Νεμέας στις Μυκήνες!"

ΕΥΡΥΣΘΕΑΣ :

Δεν σε πιστεύω. Το Λιοντάρι της Νεμέας δεν πεθαίνει. Το Λιοντάρι της Νεμέας είναι αθάνατο και μαγικό. Μαγικά βλέπω και το Λιοντάρι μιλάει με τη φωνή του Ηρακλή. Αχ Δία, γιατί μου τα κάνεις αυτά; Καλός Βασιλιάς είμαι, σε παρακαλώ!

ΗΡΑΚΛΗΣ :

Βρε Βασιλιά Ευρυσθέα, σου λέω, εγώ είμαι ο Ηρακλής, και το σκότωσα το Λιοντάρι. Βλέπεις; (Ω-πα) Αυτό εδώ είναι το τομάρι του Λιονταριού, η Λεοντή! Τη φοράω για ρούχο, γιατί όλοι φοβούνται. Έλα έξω από το πιθάρι, Βασιλιά!

ΕΥΡΥΣΘΕΑΣ :

Δεν βγαίνω έξω από το πιθάρι! Ποτέ! Είμαι καλά εδώ. Έξω από το πιθάρι, φοβάμαι!

CAPITOLO 10

ΗΡΑΚΛΗΣ :

Τι φοβάσαι Ευρυσθέα; Το λιοντάρι τέλος! Το χτύπησα με το ρόπαλο, το σκότωσα και σου το έφερα!

ΑΛΕΞΑΝΔΡΟΣ :

Ναι, γιατί φοβάσαι Ευρυσθέα; Το λιοντάρι τέλος! Το χτύπησε ο Ηρακλής με το ρόπαλο, το σκότωσε και σου το έφερε!

ΕΥΡΥΣΘΕΑΣ :

Καλά. Καλά. Σας πιστεύω. Βγαίνω έξω. Την επόμενη φορά όμως, Ηρακλή, ο άθλος σου έξω από το παλάτι. Δεν θέλω θηρία και τέρατα και λιοντάρια εδώ μέσα. Εντάξει; Ο επόμενος άθλος, έξω, στην αυλή ή στην είσοδο των Μυκηνών. Καταλαβαίνεις;

ΗΡΑΚΛΗΣ :

Καταλαβαίνω. Το λιοντάρι τέλος, τώρα τι κάνω;

ΕΥΡΥΣΘΕΑΣ :

Τι τέλος; Περιμένεις, βλέπω τι άλλο δύσκολο έχουμε για σένα και βλέπουμε. Έχεις πολλούς άθλους ακόμα!....

ΔΙΑΛΟΓΟΥ Χ

ΑΣΚΗΣΕΙΣ ΚΑΤΑΝΟΗΣΗΣ ΔΙΑΛΟΓΟΥ
ESERCIZI DI COMPRENSIONE

1. Ο Ηρακλής μπαίνει στο Παλάτι του Ευρυσθέα. Τι βλέπει πρώτα;
   α) τον Ευρυσθέα
   β) ένα λιοντάρι
   γ) ένα πιθάρι
   δ) τον θρόνο του Ευρυσθέα

2. Ο Αλέξανδρος και ο Ηρακλής πού βρίσκονται;
   α) μέσα στο παλάτι
   β) έξω από το παλάτι, στην Ακρόπολη των Μυκηνών
   γ) έξω από τα τείχη, στους αγρούς
   δ) μέσα στην πόλη, μέσα στο πιθάρι

3. Ο Ευρυσθέας πού βρίσκεται;
   α) μέσα στο παλάτι
   β) έξω από το παλάτι, στην Ακρόπολη των Μυκηνών
   γ) έξω από τα τείχη, στους αγρούς
   δ) μέσα στην πόλη, μέσα στο παλάτι, μέσα στο πιθάρι

4. Ο Ηρακλής όταν μπαίνει στο παλάτι έχει στα χέρια του
   α) το λιοντάρι της Νεμέας
   β) τη Λερναία Ύδρα
   γ) τον Ερυμάνθιο Κάπρο
   δ) το τομάρι, το δέρμα του λιονταριού της Νεμέας

5. Ο Ευρυσθέας τι φοβάται;
   α) τον Ηρακλή, γιατί είναι πολύ δυνατός
   β) την οργή του Δία, γιατί είναι πολύ δυνατή
   γ) το λιοντάρι της Νεμέας, γιατί είναι πολύ δυνατό
   δ) τον αέρα, γιατί είναι πολύ δυνατός

Άσκηση 1: Vero o falso? / Σωστό ή Λάθος;
Se c'è un errore nella frase, riscrivila correttamente.

Σ   Λ

1. **Ο Ηρακλής σκότωσε τον Ευρυσθέα, γιατί έτσι θέλησε το λιοντάρι της Νεμέας.**

   Αν η πρόταση είναι λάθος, γράψε τη σωστά.

CAPITOLO 10

Άσκηση 1: Vero o falso / Σωστό ή Λάθος;
Se c'è un errore nella frase, riscrivila correttamente.

	Σ	Λ

2. Ο Αλέξανδρος είναι μαγικός, δεν πεθαίνει, δηλαδή είναι αθάνατος.

   Αν η πρόταση είναι λάθος, γράψε τη σωστά.

3. Ο Ευρυσθέας χτύπησε τον Ηρακλή, τον σκότωσε και τον έφερε στον Αλέξανδρο.

   Αν η πρόταση είναι λάθος, γράψε τη σωστά.

4. Το παλάτι των Μυκηνών, το παλάτι του Ευρυσθέα είναι έξω από την πόλη, στους αγρούς.

   Αν η πρόταση είναι λάθος, γράψε τη σωστά.

5. Ο Ηρακλής είναι πάνω από τη λεοντή, φοράει το τομάρι του λιονταριού για ρούχο.

   Αν η πρόταση είναι λάθος, γράψε τη σωστά.

ΑΣΚΗΣΕΙΣ ΓΙΑ ΚΟΥΒΕΝΤΑ ΔΙΑΛΟΓΟΥ
ESERCIZI DI DISCUSSIONE

1. Η εξουσία του Ευρυσθέα είναι δίκαιη; Είναι άξιος της δύναμης του κατά τη γνώμη σου;

2. Ο Ευρυσθέας φοβάται το λιοντάρι και κρύβεται στο πιθάρι. Εσύ τι φοβάσαι; Πώς το αντιμετωπίζεις;

ΔΙΑΛΟΓΟΥ XI

11

Ο ΗΡΑΚΛΗΣ, Η ΚΑΚΙΑ ΚΑΙ Η ΑΡΕΤΗ

ΗΡΑΚΛΗΣ :
Τι κάνουμε Αλέξανδρε; Προχωράμε ή περιμένουμε;

ΑΛΕΞΑΝΔΡΟΣ :
Ποιον περιμένουμε; Ή πού προχωράμε; **Δίλημμα**! Δεν **ξέρω**... Εσύ τι λες, Ηρακλή;

το δίλημμα
dilemma

ξέρω
sapere

ΗΡΑΚΛΗΣ :
Α, θυμάμαι μία άλλη φορά. Ήμουν πάλι σε δίλημμα. Το δίλημμα τότε ήταν μεγάλο. Το δίλημμα τώρα είναι μικρό! Τότε ήταν δύσκολο, τώρα είναι πολύ εύκολο. Ή προχωράμε ή σταματάμε! Αλλά τότε...

ΑΛΕΞΑΝΔΡΟΣ :
Τι έγινε τότε;

προχωράω
andare oltre

το σταυροδρόμι
incrocio

ΗΡΑΚΛΗΣ :
Τότε ήμουν μικρός. Ήμουν πολύ νέος. Καθώς **προχωράω** έξω από τη Θήβα, φτάνω σε ένα **σταυροδρόμι**.

CAPITOLO 11

ΑΛΕΞΑΝΔΡΟΣ :
Τι είναι το σταυροδρόμι Ηρακλή;

ΗΡΑΚΛΗΣ :
Σταυροδρόμι είναι όταν ένας δρόμος και ένας άλλος **δρόμος** κάνουν σταυρό, δηλαδή ο ένας **δρόμος** γίνεται δύο διαφορετικοί δρόμοι. Κατάλαβες, Αλέξανδρε;

ο δρόμος

ΑΛΕΞΑΝΔΡΟΣ :
Εντάξει, ναι, κατάλαβα. Λοιπόν;

ΗΡΑΚΛΗΣ :
Λοιπόν, προχωράω. Δεν ξέρω πού πάω. Γιατί μπροστά μου βλέπω δύο δρόμους. Ο ένας δρόμος πάει πάνω, ο άλλος δρόμος πάει κάτω. Εγώ πού να πάω όμως; Πάνω ή κάτω; Μεγάλο το δίλημμα. Δύσκολο. Τότε βλέπω δύο γυναίκες.

ΑΛΕΞΑΝΔΡΟΣ :
Και τι σου λένε οι γυναίκες;

ΗΡΑΚΛΗΣ :
Η μία γυναίκα ήταν πολύ **όμορφη**. Είχε πολύ **σοβαρό** πρόσωπο και **ευγενική** φύση. Το σώμα της ήταν **καθαρό** και αγνό, τα μάτια της χαμηλά. Τα ρούχα της ήταν λευκά, το φόρεμά της απλό και **λευκό**. Αυτή ήταν αδύνατη. Αυτή ήταν μία πολύ **σώφρων** γυναίκα. Το βλέμμα της ήταν χαμηλό.

λευκό
bianco

όμορφη
bellissimo

σοβαρό
serio

ευγενική
nobile, educata

καθαρό
pulito

μακιγιάζ

ΑΛΕΞΑΝΔΡΟΣ :

Και η άλλη γυναίκα; Πώς ήταν η άλλη γυναίκα;

ΗΡΑΚΛΗΣ :

Και η άλλη γυναίκα όμορφη ήταν. Αλλά το πρόσωπό της δεν ήταν σοβαρό. Είχε πολλά βαψίματα και **μακιγιάζ**. Το σώμα της ήταν γεμάτο χρώματα και αρώματα, τα μάτια της ψηλά. Τα ρούχα της ήταν λαμπερά και φωτεινά, το φόρεμά της περίτεχνο, πολύχρωμο και σχιστό. Το σώμα της ήταν καλοθρεμμένο και πολύσαρκο. Ήταν χοντρή. Κοίταζε μία εδώ, μια εκεί. Το βλέμμα της μία εδώ, μία εκεί, το βλέμμα της μία σε εμένα, μία στη σκιά της.

ΑΛΕΞΑΝΔΡΟΣ :

Και; Τι έκανες εσύ;

ΗΡΑΚΛΗΣ :

Τι έκανα εγώ; Εγώ τις άκουσα. Η πρώτη, η αδύνατη γυναίκα, δεν μίλησε γρήγορα. Μου μίλησε η δεύτερη, η χοντρούλα. Μου είπε :

"Βλέπω, Ηρακλή, δεν ξέρεις ποιον δρόμο θέλεις! Λοιπόν, ο δικός μου ο δρόμος, βλέπεις; Πάει προς τα κάτω. Είναι **εύκολος** και **ευχάριστος**. Ο δρόμος μου δεν έχει δυσκολίες. Μόνο ευκολίες, για όλη σου τη ζωή. Ο δρόμος μου δεν έχει πολέμους, δεν έχει πόνο. Ο δρόμος μου έχει όλα τα φαγητά και

εύκολος
facile

ευχάριστος
piacevole

CAPITOLO 11

τα ποτά, όλα τα ωραία της ζωής. Ο δρόμος μου έχει έρωτες και ύπνο όσο θέλεις. Ο δρόμος μου, Ηρακλή, δεν έχει κόπο. Δεν κουράζει. Ο δρόμος μου δεν έχει φόβο, έχει μόνον αγαθά. Ο δρόμος μου δεν έχει **οικονομία** και **δυσκολία**. Βλέπεις τι ωραίο **σώμα** έχω; Δεν πεινάω ποτέ! Τρώω ό,τι θέλω! Βλέπεις τι χαρά έχω; Έχω ό,τι θέλω! Οι άλλοι δουλεύουν και έχουν. Εσύ, Ηρακλή, στον δρόμο μου τα έχεις όλα και δεν δουλεύεις! Μόνον κερδίζεις, δεν χάνεις! Γιατί οι μαθητές μου μαθαίνουν και κερδίζουν από παντού!"
Εγώ τη ρώτησα "Πώς σε λένε, γυναίκα;"
Αυτή μου είπε "**Οι φίλοι** μου με λένε **Ευδαιμονία**, οι εχθροί μου όμως, με λένε Κακία"

Τότε, σιγά σιγά, μου μίλησε η γυναίκα, η άλλη, η πρώτη, η αδύνατη: Μου είπε :

"Βλέπω Ηρακλή είσαι εσύ. Ξέρω τον πατέρα σου και την μητέρα σου. Ξέρω ότι έχεις **μυαλό**, και δεν ξέρεις ποιον δρόμο θέλεις! Λοιπόν, ελπίζω τον δικό μου δρόμο θα διαλέξεις. Γιατί έχεις μυαλό. Ο δικός μου δρόμος, βλέπεις; Πάει προς τα πάνω. Είναι **δύσκολος**, καμία φορά **δυσάρεστος**. Ο δρόμος μου έχει **δουλειά**, έχει **εργασία**. Θέλει καλά και πολλά και σεμνά έργα ο δρόμος μου. Λέω αλήθεια, οι θεοί δίνουν τα αγαθά μόνον με κόπο, όχι χωρίς κόπο. Έτσι και εσύ. Θα έχεις τα αγαθά που θα αποκτήσεις με κόπο. Στο δρόμο μου θα τιμάς τους

η οικονομία
economia, parsimonia, attento alla spesa

δυσκολία
lotta

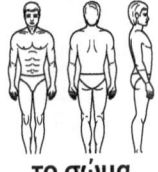

το σώμα

οι φίλοι
gli amici

η ευδαιμονία
beatitudine

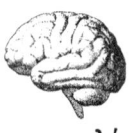

το μυαλό

δύσκολος
difficile

δυσάρεστος
sgradevole

η δουλειά
impiego, lavoro

η εργασία
lavoro faticoso

ΔΙΑΛΟΓΟΥ ΧΙ

καλλιεργώ
coltivare

το πρόβατο

το γάλα

δεξιά
destra

η κατηφόρα
pendenza in discesa (metaforicamente caduta, declino)

αριστερά
sinistra

η ανηφόρα
pendenza in salita (metaforicamente aumento, climax)

θεούς, θα αγαπάς τους φίλους, θα κάνεις καλό στις πόλεις. Τότε θα σε βοηθούν οι θεοί, θα σε αγαπούν οι φίλοι, θα σε τιμούν οι πόλεις. Θέλεις τιμές σε όλη την Ελλάδα; Πρώτα, θα βοηθήσεις όλη την Ελλάδα. Στο δρόμο μου, θα **καλλιεργείς**, θα δουλεύεις τη γη, θα βοσκάς **τα πρόβατα**, θα πολεμάς πολέμους. Τότε θα έχεις καρπούς από τη γη, **γάλα** από **τα πρόβατα** και θα έχεις δύναμη καλή για τους φίλους και κακή για τους εχθρούς. Στο δρόμο μου, με άσκηση θα έχεις δύναμη. Το σώμα σου στον δρόμο μου θα είναι δυνατό, αλλά με άσκηση και υποταγή στον κόπο και την σκέψη."

Τότε μιλάει η άλλη, η Κακία και μου λέει "Δύσκολος δρόμος αυτός, Ηρακλή, εγώ ξέρω τον εύκολο!"
Τη ρωτώ "Προς τα πού είναι; Πού πάει ο δρόμος σου, Ευδαιμονία ή Κακία ή όπως σε λένε;"
"Ο δρόμος μου πάει **δεξιά**. Ο δρόμος μου πάει προς τα κάτω. Είναι **κατηφόρα**. Μία ευθεία είναι, όλο ίσα πηγαίνεις. Είναι εύκολος δρόμος, σου λέω, έλα!"

"Εσύ, Αρετή, ο δρόμος σου προς τα πού πάει;"

Λέει η Αρετή "Ο δρόμος μου πάει **αριστερά**. Ο δρόμος μου είναι προς τα πάνω. Είναι **ανηφόρα**. Ο δρόμος είναι όλο στροφές, καθόλου ευθεία. Είναι δύσκολος δρόμος. Αλλά εσύ διαλέγεις στο δίλημμα. Πάνω ή κάτω, **αριστερά** ή **δεξιά**, καλό ή κακό; Εσύ διαλέγεις, Ηρακλή. Τι θέλεις;"

"Εγώ, Αρετή, είμαι απλός άνθρωπος" της λέω. "Το καλό ξέρω, το καλό κάνω. Έρχομαι μαζί σου, πάμε αριστερά, πάμε στα δύσκολα, στην ανηφόρα"

ΑΛΕΞΑΝΔΡΟΣ :
Και μετά; Τι έκανες μετά;

ΗΡΑΚΛΗΣ :
Μετά περπάτησα, Αλέξανδρε, περπατάω τόσα χρόνια τώρα και να είμαι τώρα εδώ, μιλάω με εσένα.

ΑΛΕΞΑΝΔΡΟΣ :
Δηλαδή; Εσύ είσαι εδώ από εκείνη την ανηφόρα;

ΗΡΑΚΛΗΣ :
Ναι, όλο ανηφόρα πάω. **Κούραση**, αλλά μου αρέσει.

η κούραση
stanchezza, fatica

ΑΛΕΞΑΝΔΡΟΣ :
Χαρά στο **κουράγιο** σου, Ηρακλή!

το κουράγιο
coraggio

ΔΙΑΛΟΓΟΥ XI

ΑΣΚΗΣΕΙΣ ΚΑΤΑΝΟΗΣΗΣ ΔΙΑΛΟΓΟΥ
ESERCIZI DI COMPRENSIONE

1. **Ο Ηρακλής στην αρχή του διαλόγου:**
   α) ξέρει με σιγουριά πού θέλει να πάει.
   β) δεν ξέρει με σιγουριά πού θέλει να πάει, είναι σε δίλημμα.
   γ) προχωράει αριστερά, τον δρόμο της Αρετής.
   δ) προχωράει δεξιά, τον δρόμο της Κακίας προς το παλάτι του Ευρυσθέα.

2. **Ο Αλέξανδρος και ο Ηρακλής πού βρίσκονται;**
   α) κοντά στο παλάτι των Μυκηνών.
   β) μέσα το παλάτι, στην Ακρόπολη των Μυκηνών.
   γ) σε ένα σταυροδρόμι, όπου δύο δρόμοι πάνε παράλληλα.
   δ) σε ένα σταυροδρόμι, όπου δύο δρόμοι κάνουν σταυρό.

3. **Η γυναίκα με το όνομα Αρετή:**
   α) είναι όμορφη, αλλά έχει κακό μακιγιάζ.
   β) είναι όμορφη, αλλά το βλέμμα της είναι χαμηλό και είναι σώφρων.
   γ) δεν είναι όμορφη, αλλά είναι καλή.
   δ) δεν είναι καλή, αλλά είναι όμορφη.

4. **Η γυναίκα με το όνομα Κακία:**
   α) μένει σε έναν δρόμο όλο δυσκολίες, οικονομία και κόπο.
   β) μένει σε έναν δρόμο όλο δουλειά, άσκηση και κόπο.
   γ) μένει σε έναν δρόμο όλο φαγητά, ποτά, έρωτες και ύπνο, χωρίς κόπο.
   δ) μένει σε έναν δρόμο που πάει προς τα πάνω, όλο ανηφόρα.

CAPITOLO 11

5. Ο Ηρακλής τι διαλέγει;

α) τον δύσκολο δρόμο, που πάει αριστερά και είναι όλο στροφές με ανηφόρα.

β) τον εύκολο δρόμο που πηγαίνει όλο ίσα ευθεία, χωρίς καθόλου στροφές και είναι κατηφόρα.

γ) τον δύσκολο δρόμο που πηγαίνει όλο ίσα ευθεία και είναι κατηφόρα.

δ) τον εύκολο δρόμο που πάει αριστερά και είναι όλο στροφές με ανηφόρα.

ΑΣΚΗΣΕΙΣ ΓΙΑ ΚΟΥΒΕΝΤΑ ΔΙΑΛΟΓΟΥ
ESERCIZI DI DISCUSSIONE

1. Γιατί, κατά τη γνώμη σου, ο Ηρακλής δεν θεωρεί τη δεύτερη γυναίκα "σοβαρή"; Τι είναι σοβαρό; Τι δείχνει αυτή η περιγραφή της δεύτερης γυναίκας για τη θέση της γυναίκας στην κλασική ελληνική αρχαιότητα; Είναι δίκαιη με δεδομένη τη σημερινή πρόοδο;

2. Έχεις αντιμετωπίσει δίλημμα στη ζωή σου; Πώς το έλυσες; Τι διάλεξες;

3. Τι είναι κόπος και τι είναι ευκολία; Ποιος είναι ο δρόμος ο λιγότερο ταξιδεμένος;

ΔΙΑΛΟΓΟΥ XII

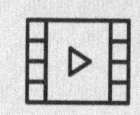

12
ΚΑΘΗΜΕΡΙΝΗ ΖΩΗ

η ημέρα
il giorno

ΗΡΑΚΛΗΣ :
Ωραία **ημέρα** σήμερα, Αλέξανδρε!

ΑΛΕΞΑΝΔΡΟΣ :
Ναι, πολύ ωραία **ημέρα**. Τι κάνεις το **πρωί**, Ηρακλή; Εγώ **κάθε μέρα** πάω στο **σχολείο**, εκτός από **τα Σαββατοκύριακα**.

κάθε μέρα
ogni giorno

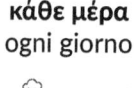

το σχολείο

Το Σαββατοκύριακο
weekend, fine settimana

ΗΡΑΚΛΗΣ :
Τα Σαββατοκύριακα; Εγώ δεν ξέρω τι είναι **τα Σαββατοκύριακα**. Όταν ήμουν μικρός, ναι, τότε **κάθε μέρα** είχα μάθημα με τον παιδαγωγό. Αλλά τώρα δεν έχω. Τι είναι **Σαββατοκύριακο**, Αλέξανδρε;

  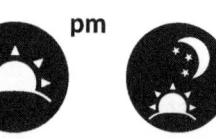 

το πρωί το μεσημέρι το απόγευμα το βράδυ η νύχτα

CAPITOLO 12

ΑΛΕΞΑΝΔΡΟΣ :

Α! Το Σαββατοκύριακο είναι **το Σάββατο** και **η Κυριακή**, μαζί. Δεν έχουμε **σχολείο**. Δεν έχουμε **δουλειά**. Όλοι είναι στο σπίτι τους και κάθονται.

ΗΡΑΚΛΗΣ :

Κάθονται; Δηλαδή; Δεν δουλεύουν;

ΑΛΕΞΑΝΔΡΟΣ :

Όχι, δεν δουλεύουν. Πάντα τα Σαββατοκύριακα πηγαίνουμε ή στο **θέατρο** ή στον κινηματογράφο.

ΗΡΑΚΛΗΣ :

Στο **θέατρο**; Εμείς στο **θέατρο** πηγαίνουμε κάθε μέρα, αλλά όταν είναι **εορτή**. Όταν έχει τα Διονύσια, πηγαίνουμε στο **θέατρο πρωί πρωί**.

ΑΛΕΞΑΝΔΡΟΣ :

Πρωί πρωί; Εμείς πηγαίνουμε **το βράδυ**! Και στον κινηματογράφο, **το βράδυ** πηγαίνουμε.

ΗΡΑΚΛΗΣ :

Κινηματογράφεις; Τι γράφεις;

ΑΛΕΞΑΝΔΡΟΣ :

Δεν γράφω εγώ, κινηματογράφο, σου λέω! Πώς το λένε; Σινεμά!

ΗΡΑΚΛΗΣ :

Τι είναι αυτό;

Το Σάββατο
sabato

Η Κυριακή
domenica

η δουλειά
impiego, lavoro

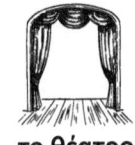
το θέατρο

η εορτή

πρωί πρωί
all'inizio della mattina

το βράδυ
la sera

ΔΙΑΛΟΓΟΥ XII

οι ηθοποιοί
gli attori

ΑΛΕΞΑΝΔΡΟΣ :
Αυτό... Αυτό είναι θέατρο, αλλά **οι ηθοποιοί** δεν είναι εκεί. Βλέπεις τα είδωλά τους σε ένα **πανί**.

το πανί

ΗΡΑΚΛΗΣ :
Δεν καταλαβαίνω... Αφού δεν είναι εκεί, πώς τους βλέπεις; Τελοσπάντων. Και πηγαίνετε κάθε μέρα σε αυτόν τον κινηματογράφο;

πηγαίνω
andare

εντάξει
okay

ΑΛΕΞΑΝΔΡΟΣ :
Όχι βέβαια! Κάθε μέρα **πηγαίνω** στο σχολείο, δεν έχω χρόνο για κινηματογράφο! Στον κινηματογράφο **πηγαίνω** όταν είναι Σάββατο ή Κυριακή.

Πλένω

ΗΡΑΚΛΗΣ :
Εντάξει. Εσύ ξέρεις. Εγώ δεν ξέρω από αυτά. Λοιπόν, το πρωί, τι κάνεις;

ΑΛΕΞΑΝΔΡΟΣ :
Ξυπνάω, **πλένω** τα δόντια μου και **καθαρίζομαι.** **Χτενίζω** τα μαλλιά μου, **ντύνομαι** και φεύγω για το σχολείο.

καθαρίζομαι

χτενίζω

ντύνομαι
vestirmi

ΗΡΑΚΛΗΣ :
Και καλά, συγγνώμη, γυμναστική δεν έχει;

ΑΛΕΞΑΝΔΡΟΣ :
Έχει γυμναστική, στο σχολείο, **δύο φορές** την εβδομάδα.

δύο φορές
due volte

CAPITOLO 12

ΗΡΑΚΛΗΣ :
Δύο φορές την εβδομάδα δεν είναι συχνά! Εγώ **γυμνάζομαι** κάθε μέρα! Ξυπνάω το πρωί, κάθε φορά ανάλογα με τον άθλο, **μία φορά** εδώ, **μία φορά** εκεί. Φοράω τη λεοντή μου και **γυμνάζομαι** δυνατά.

γυμνάζομαι

μία φορά
una volta

ΑΛΕΞΑΝΔΡΟΣ :
Μπράβο, Ηρακλή. **Ζηλεύω**. Και μετά τι κάνεις;

ζηλεύω
essere geloso

ΗΡΑΚΛΗΣ :
Μετά **τρώω**. Ελιές, δημητριακά και ξεκινάω για τον άθλο που έχω. **Περπατάω** πολύ.

τρώω

περπατάω
camminare

ΑΛΕΞΑΝΔΡΟΣ :
Με τα πόδια πηγαίνεις παντού;

ΗΡΑΚΛΗΣ :
Ναι, με τα **πόδια**, γιατί; Εσύ πώς πηγαίνεις;

τα πόδια

ΑΛΕΞΑΝΔΡΟΣ :
Συγγνώμη, **λεωφορείο** δεν έχετε;

το λεωφορείο

ΗΡΑΚΛΗΣ :
Λεω... τι; Δεν καταλαβαίνω τι λες. Τι είναι **λεωφορείο**;

ΑΛΕΞΑΝΔΡΟΣ :
Ω, δύσκολα πράγματα! Θα σου εξηγήσω άλλη φορά. Άρα τώρα; Περπατάμε πάλι με τα **πόδια**; Και σήμερα;

ΔΙΑΛΟΓΟΥ XII

ΗΡΑΚΛΗΣ :
Ε, ναι! Τι περιμένεις; Κανένα άρμα; Άρματα έχει στους Αγώνες, όχι κάθε μέρα.

ΑΛΕΞΑΝΔΡΟΣ :
Σωστά, τι λέω... Άντε, πάμε!

το μεσημέρι
mezzogiorno

ΗΡΑΚΛΗΣ :
Το **μεσημέρι** έχουμε φαγητό και ξεκούραση.

η σιέστα
pisolino di mezzogiorno
το απόγευμα
pomeriggio

ΑΛΕΞΑΝΔΡΟΣ :
Σωστά, η καθιερωμένη **σιέστα**! Και μετά, **το απόγευμα**;

εντάξει
okay

ΗΡΑΚΛΗΣ :
Το απόγευμα θα πέσει ο ήλιος και εμείς θα είμαστε στον ξάδερφό μου, τον Ευρυσθέα. Βλέπουμε τι άθλο θα έχω πάλι να κάνω! **Εντάξει**; Πάμε;

ΑΛΕΞΑΝΔΡΟΣ :
Ναι, πάμε...

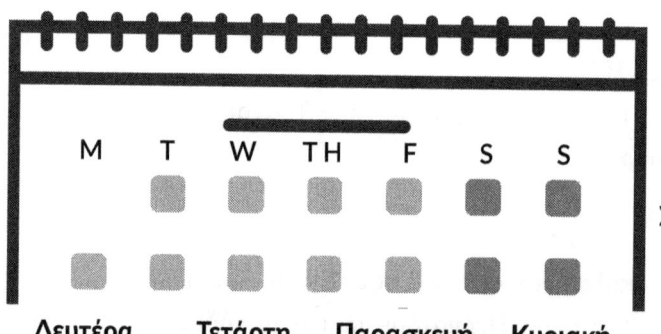

Το Σαββατοκύριακο
weekend

CAPITOLO 12

ΑΣΚΗΣΕΙΣ ΚΑΤΑΝΟΗΣΗΣ ΔΙΑΛΟΓΟΥ

ESERCIZI DI COMPRENSIONE

Άσκηση 1: Vero o Falso? / Σωστό ή Λάθος;
Se c'è un errore nella frase, riscrivila correttamente.

Σ   Λ

1. Ο Αλέξανδρος δεν πάει κάθε μέρα στο σχολείο, πάει μόνο τα Σαββατοκύριακα. _____

   Αν η πρόταση είναι λάθος, γράψε τη σωστά.

2. Ο Ηρακλής πηγαίνει στο θέατρο κάθε Σαββατοκύριακο, το βράδυ, γιατί κάθε Σαββατοκύριακο είναι εορτή. _____

   Αν η πρόταση είναι λάθος, γράψε τη σωστά.

3. Στο θέατρο βλέπεις τους ηθοποιούς και τα είδωλά τους σε ένα πανί. _____

   Αν η πρόταση είναι λάθος, γράψε τη σωστά.

4. Ο Ηρακλής πλένει τα δόντια του, χτενίζει τα μαλλιά του, καθαρίζεται και πηγαίνει στο σχολείο κάθε μέρα. Έχει γυμναστική δύο φορές την εβδομάδα. _____

   Αν η πρόταση είναι λάθος, γράψε τη σωστά.

5. Ο Αλέξανδρος περπατάει πολύ κάθε μέρα, πηγαίνει παντού με τα πόδια. _____

   Αν η πρόταση είναι λάθος, γράψε τη σωστά.

ΔΙΑΛΟΓΟΥ XII

ΑΣΚΗΣΕΙΣ ΚΑΤΑΝΟΗΣΗΣ ΔΙΑΛΟΓΟΥ
ESERCIZI DI COMPRENSIONE

Άσκηση 2: Διάλεξε τη σωστή απάντηση:
(Scegli la risposta corretta)

1. Κάθε Σαββατοκύριακο, η οικογένεια του Αλέξανδρου :
   α) δουλεύει και δεν πάει πουθενά.
   β) δεν έχουν δουλειά και πάνε στο σχολείο.
   γ) δεν έχουν δουλειά και κάθονται στο θέατρο.
   δ) δεν έχουν δουλειά και κάθονται στο σπίτι, πηγαίνουν στο θέατρο ή κινηματογράφο.

2. Ο Ηρακλής κάθε πότε κάνει γυμναστική;
   α) κάθε Δευτέρα και Τρίτη, δύο φορές την εβδομάδα.
   β) κάθε Τετάρτη, Πέμπτη και Παρασκευή, τρεις φορές την εβδομάδα.
   γ) κάθε μέρα, περπατάει και πηγαίνει παντού με τα πόδια.
   δ) ποτέ, δεν έχει χρόνο.

3. Ο Αλέξανδρος πώς πηγαίνει στο σχολείο;
   α) μόνο με το λεωφορείο.
   β) μόνο με τα πόδια.
   γ) δεν πηγαίνει στο σχολείο, δεν έχει χρόνο.
   δ) και με το λεωφορείο και με τα πόδια.

4. Ο Ηρακλής κάθε πρωί:
   α) τρώει γάλα, τυρί και ντομάτες.
   β) τρώει ελιές και δημητριακά.
   γ) τρώει πρωινό με καφέ και μπισκότα.
   δ) τρώει λίγα φρούτα.

CAPITOLO 12

5. Το μεσημέρι και ο Ηρακλής και ο Αλέξανδρος :

   α) δουλεύουν με όλες τους τις δυνάμεις.

   β) δεν δουλεύουν, έχει φαγητό και ξεκούραση.

   γ) τον δύσκολο δρόμο που πηγαίνει όλο ίσα ευθεία και είναι κατηφόρα.

   δ) τον εύκολο δρόμο που πάει αριστερά και είναι όλο στροφές με ανηφόρα.

ΑΣΚΗΣΕΙΣ ΓΙΑ ΚΟΥΒΕΝΤΑ ΔΙΑΛΟΓΟΥ
ESERCIZI DI DISCUSSIONE

1. Πότε δεν δουλεύεις; Ο τρόπος ζωής σήμερα δίνει ελεύθερο χρόνο;

2. Τι γνώμη έχεις για την οκτάωρη εργασία; Δίνει καλύτερα αποτελέσματα στη δουλειά ή όχι;

3. Ανοιχτά καταστήματα τα σαββατοκύριακα: δίνει περισσότερα δικαιώματα στον καταναλωτή ή επιτρέπει μία αποδιοργανωμένη ζωή, αφού μπορεί να αγοράσει ο,τιδήποτε όποτε θέλει;

13

ΠΩΣ ΠΑΜΕ ;
ΜΕΤΑΦΟΡΙΚΑ ΜΕΣΑ

ΗΡΑΚΛΗΣ :
Πάμε λοιπόν; Έχουμε δρόμο ακόμα πολύ!

ΑΛΕΞΑΝΔΡΟΣ :
Ναι, πάμε. Αλλά πώς θα πάμε; Με τα πόδια;

ΗΡΑΚΛΗΣ :
Πώς θέλεις δηλαδή; Με **το άρμα** πάμε όταν έχει αγώνα, στους Ολυμπιακούς αγώνες!

ΑΛΕΞΑΝΔΡΟΣ :
Τι λες, Ηρακλή; Μόνον τότε; Δηλαδή, **λεωφορείο** δεν έχει;

ΗΡΑΚΛΗΣ :
Τι είναι **λεωφορείο**; Εμείς πάμε ή με τα πόδια ή με **το άρμα** και **τα άλογα**, όταν έχει αγώνα. Α, ναι, και όταν πάμε από τη **θάλασσα**, πάμε με την Τριήρη, με το μεγάλο **πλοίο**!

το άρμα

το λεωφορείο

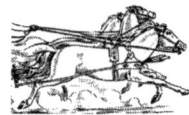
τα άλογα

η θάλασσα

το πλοίο

CAPITOLO 13

ΑΛΕΞΑΝΔΡΟΣ :

Εγώ πάω με **το πλοίο** μόνον όταν πάμε **διακοπές**.

η διακοπή / οι διακοπές
pausa, interruzione / (al plurale: vacanze)

ΗΡΑΚΛΗΣ :

Τι είναι **διακοπές**;

ΑΛΕΞΑΝΔΡΟΣ :

Διακοπές είναι όταν δεν έχει σχολείο. **Διακοπές** είναι όταν δεν δουλεύουμε. **Το καλοκαίρι**, δηλαδή από Ιούνιο μέχρι Αύγουστο. Μετά, το Σεπτέμβριο έχει πάλι σχολείο.

το καλοκαίρι
estate

ΗΡΑΚΛΗΣ :

Και πώς πηγαίνεις στο σχολείο; Δεν πηγαίνεις με τα πόδια;

ΑΛΕΞΑΝΔΡΟΣ :

Όχι βέβαια! Είναι **μακριά**! Δεν είναι **κοντά**! Όταν πηγαίνω στο σχολείο, παίρνω το λεωφορείο, ένα μεγάλο **αυτοκίνητο**. Όταν πηγαίνω στο κέντρο της Αθήνας, πάλι παίρνω το λεωφορείο.

μακριά
lontano

κοντά
vicino

το αυτοκίνητο

ΗΡΑΚΛΗΣ :

Τρελό πράγμα αυτό το λεωφορείο.

ΑΛΕΞΑΝΔΡΟΣ :

Και πού να σου πω για **το μετρό**; Το ξέρεις **το μετρό**;

το μετρό

ΔΙΑΛΟΓΟΥ XIII

ΗΡΑΚΛΗΣ :

Τι είναι **το μετρό**; Εννοείς αυτό που λένε στους Δελφούς Μέτρον Άριστον; Όλα δηλαδή με μέτρο, τίποτε σε υπερβολή;

γρήγορα
velocemente

το εισιτήριο

ΑΛΕΞΑΝΔΡΟΣ :

Χαχαχα! Όχι, δεν εννοώ αυτό! **Το μετρό** είναι ένα αυτοκίνητο μέσα στη γη! Πάει πάρα πολύ **γρήγορα**, πιο **γρήγορα** από το λεωφορείο. Δίνεις **το εισιτήριο**, μπαίνεις μέσα και πηγαίνεις από την μία άκρη της Αθήνας στην άλλη!

ΗΡΑΚΛΗΣ :

Δηλαδή πόσο **γρήγορα**;

το αεροδρόμιο

ΑΛΕΞΑΝΔΡΟΣ :

Πάρα πολύ **γρήγορα**! Είσαι από την Ακρόπολη στο **Αεροδρόμιο** σε μία ώρα!

ΗΡΑΚΛΗΣ :

Τι να κάνεις στο **αεροδρόμιο**;

φυσικά
naturalmente, certo

το αεροπλάνο

ΑΛΕΞΑΝΔΡΟΣ :

Μα **φυσικά**, να πάρεις **το αεροπλάνο**! Δεν ξέρεις τι είναι **αεροπλάνο**;

καταπίνω
ingerire

ΗΡΑΚΛΗΣ :

Όχι, τι είναι το αεροπλάνο; **Καταπίνει** αέρα;

CAPITOLO 13

ΑΛΕΞΑΝΔΡΟΣ :
Όχι, δεν καταπίνει αέρα! Καταπίνει βενζίνη και πετάει στον αέρα σαν **πουλί**!

το πουλί

ΗΡΑΚΛΗΣ :
Δηλαδή **σαν τον** Ίκαρο;

σαν τον
come / simile a

ΑΛΕΞΑΝΔΡΟΣ :
Ναι, **σαν τον** Ίκαρο! Αλλά δύσκολα **πέφτει** το αεροπλάνο! Είναι δυνατό **πουλί**!

πέφτω
cadere

ΗΡΑΚΛΗΣ :
Αλέξανδρε, νομίζω ότι μου λες ψέματα.

ΑΛΕΞΑΝΔΡΟΣ :
Όχι, δεν σου λέω ψέματα. Αλήθεια σου λέω! Γιατι δεν με **πιστεύεις**;

πιστεύω
credere

ΗΡΑΚΛΗΣ :
Γιατί όσα λες, είναι απίστευτα. Τελοσπάντων, τώρα δεν έχει ούτε μετρό, **ούτε** λεωφορείο, ούτε αεροπλάνο. Έχει μόνον τα πόδια μας. Πάμε;

ούτε..ούτε
nè...nè

ΑΛΕΞΑΝΔΡΟΣ :
Ναι, πάμε. Θα κουραστούμε γρήγορα, νομίζω. Αλλά τι να κάνουμε;

ΔΙΑΛΟΓΟΥ XIII

ΑΣΚΗΣΕΙΣ ΚΑΤΑΝΟΗΣΗΣ ΔΙΑΛΟΓΟΥ

ESERCIZI DI COMPRENSIONE

Άσκηση 1: Vero o Falso? / Σωστό ή Λάθος;
Se c'è un errore nella frase, riscrivila correttamente.

Σ   Λ

1. Ο Αλέξανδρος δεν πάει στο σχολείο όταν έχει διακοπές, δηλαδή κάθε Χριστούγεννα και Πάσχα.

   Αν η πρόταση είναι λάθος, γράψε τη σωστά.

2. Το μετρό είναι ένα αυτοκίνητο πάνω στον αέρα και πετάει στο αεροδρόμιο από το κέντρο της Αθήνας σε δύο ώρες.

   Αν η πρόταση είναι λάθος, γράψε τη σωστά.

3. Κάθε καλοκαίρι όλοι δουλεύουνε και ο Ηρακλής πάει στο σχολείο.

   Αν η πρόταση είναι λάθος, γράψε τη σωστά.

4. Ο Ηρακλής πηγαίνει παντού με το λεωφορείο του, το οποίο είναι ένα άρμα με άλογα για αγώνες.

   Αν η πρόταση είναι λάθος, γράψε τη σωστά.

CAPITOLO 13

5. Ο Αλέξανδρος πηγαίνει κάθε μέρα με το μεγάλο πλοίο, την Τριήρη, για μπάνιο στη θάλασσα.

Αν η πρόταση είναι λάθος, γράψε τη σωστά.

ΑΣΚΗΣΕΙΣ ΓΙΑ ΚΟΥΒΕΝΤΑ ΔΙΑΛΟΓΟΥ
ESERCIZI DI DISCUSSIONE

1. Κατά τη γνώμη σου οι διακοπές βοηθάνε την παραγωγικότητα ή την μειώνουν;

2. Πώς πηγαίνεις στη δουλειά σου; Με μέσα μεταφοράς ή με το αυτοκίνητο; Τα μέσα μεταφοράς είναι δημόσιο αγαθό ή δικαίωμα όποιου μπορεί;

3. "Με το μετρό πηγαίνεις από το κέντρο της Αθήνας στο αεροδρόμιο σε μία ώρα". Τι είναι πιο σημαντικό για σένα; Η ταχύτητα ή η ασφάλεια;

ΔΙΑΛΟΓΟΥ XIV

14

ΑΓΟΡΑΖΟΝΤΑΣ ΠΡΑΓΜΑΤΑΚΙΑ

ΑΛΕΞΑΝΔΡΟΣ :
Πού είμαστε, Ηρακλή;

το λάθος
sbagliato, errore

ΗΡΑΚΛΗΣ :
Νομίζω ότι πήραμε **λάθος** δρόμο. Βλέπω την Ακρόπολη εκεί πάνω. Αλέκο, είμαστε στην Αθήνα.

το πολύχρωμο
multicolore

ΑΛΕΞΑΝΔΡΟΣ :
Στην Αθήνα; Αυτό το **πολύχρωμο κτήριο** είναι η Ακρόπολη; Εγώ δεν την **θυμάμαι** έτσι. Α! Είναι **εντυπωσιακή**!

το κτήριο

θυμάμαι
ricordare

εντυπωσιακή
impressionante

ΗΡΑΚΛΗΣ :
Ναι, είναι πολύ **όμορφο κτήριο**.

όμορφο
bellissimo

ΑΛΕΞΑΝΔΡΟΣ :
Και αυτό εδώ το **κτήριο** τι είναι;

συζητώ
discutere / chattare

αποφασίζω
decidere

ΗΡΑΚΛΗΣ :
Αυτό το κτήριο είναι το Βουλευτήριο. Μέσα **συζητάνε** και **αποφασίζουν** οι Βουλευτές της Αθήνας. **Ετοιμάζουν τους νόμους** και μετά η Εκκλησία του Δήμου τους **ψηφίζει**.

τους νόμους
le leggi

ετοιμάζω
preparare

CAPITOLO 14

ΑΛΕΞΑΝΔΡΟΣ :

Ωραία πράγματα! Εμείς έχουμε τη **Βουλή** και εκεί **ετοιμάζουν τους νόμους** και **ψηφίζουν**. Δεν έχουμε **Εκκλησία του Δήμου** στην Αθήνα σήμερα.

ΗΡΑΚΛΗΣ :

Ναι, **αλλάζουν** τα πράγματα. Τα καταστήματα τα βλέπεις; Όλα τα **μαγαζιά** εκεί, **δίπλα** στη Στοά; Ο καθένας **πουλάει** την **πραμάτεια** του. Ο **αγγειοπλάστης** πουλάει αγγεία/ αμφορείς, ο **υποδηματοποιός** πουλάει **παπούτσια**, ο **χαλκουργός** πουλάει σκεύη και **ο γλύπτης** πουλάει γλυπτά. Εκεί, στα αριστερά είναι η Βιβλιοθήκη, με όλα τα βιβλία. Και όταν θέλεις **μουσική**, πηγαίνεις στο Ωδείο, μέσα στην Αγορά.

ΑΛΕΞΑΝΔΡΟΣ :

Όλα τόσο κοντά το ένα στο άλλο! Σαν mall είναι! Εμείς έχουμε **πολλά** καταστήματα στο Μοναστηράκι σήμερα, αλλά πάντα **κάνουμε παζάρι**!

ΗΡΑΚΛΗΣ :

Παζάρι; Δηλαδή;

Η Βουλή
Parlamento

ψηφίζω
votare

Η Εκκλησία του Δήμου
Assemblea della Città di Atene

αλλάζω
cambiare

δίπλα
vicino a

πουλάω
vendere

η πραμάτεια
merce

ο χαλκουργός
ramaio

ο γλύπτης
scultore

η μουσική
musica

πολλά
tanto

κάνω παζάρι
fare un affare

το παζάρι
bazar, mercato delle pulci

 Το μαγαζί  Ο αγγειοπλάστης  Ο υποδηματοποιός  Το παπούτσι

ΔΙΑΛΟΓΟΥ XIV

καλύτερη
meglio

η τιμή
prezzo

ρωτάω
chiedere

για σένα
per te

το ευρώ

**τα λεφτά /
τα χρήματα**

πληρώνω
pagare

αγοράζω
comprare

λίγα
un po'

καθόλου
niente affatto,
nessuno

κάτι
qualcosa

ΑΛΕΞΑΝΔΡΟΣ :

Δηλαδή ζητάμε **καλύτερη τιμή**! **Ρωτάς** τον βιβλιοπώλη, για παράδειγμα :

-Πόσο κάνει αυτό το βιβλίο;
-Δέκα **ευρώ**, σου λέει ο βιβλιοπώλης.
-Θα μου κάνεις μια καλύτερη **τιμή**;
-Οχτώ **για σένα**, σου λέει ο βιβλιοπώλης. Αυτό, το λέμε **παζάρι**.

ΗΡΑΚΛΗΣ :

Τι είναι **ευρώ**;

ΑΛΕΞΑΝΔΡΟΣ :

Ευρώ είναι **λεφτά**! Είναι **χρήματα**! Με αυτά **πληρώνουμε**, όταν **αγοράζουμε** πράγματα. Ο θείος μου, στην Αμερική, **πληρώνει** με δολλάρια όταν **αγοράζει**. Στην Αμερική τα δολλάρια είναι πολλά, αλλά στην Ελλάδα τα ευρώ είναι **λίγα**.

ΗΡΑΚΛΗΣ :

Α, εντάξει. Κανένα πρόβλημα, μικρέ! Εδώ εμείς πληρώνουμε με δραχμές. Περίμενε ένα λεπτό. Να δω... Έχω **καθόλου** λεφτά στη λεοντή μου; Α! Ωραία! Έχω λεφτά! Λοιπόν, πάμε να αγοράσουμε **κάτι** από την Αγορά;

ΑΛΕΞΑΝΔΡΟΣ :

Ναι, πάμε.

(τρίτη φωνή, πωλητής)

CAPITOLO 14

ΠΩΛΗΤΗΣ :
Χαίρετε Αθηναίοι! Καλημέρα! Τι θέλετε;

ΗΡΑΚΛΗΣ :
Δεν είμαστε Αθηναίοι. Ναι, τι θέλουμε;

πονάω
mi fa male

ΑΛΕΞΑΝΔΡΟΣ :
Εγώ δεν θέλω κάτι. Να σου πω, **πονάνε** λίγο τα πόδια μου. Μήπως **παπούτσια καινούρια**;

το παπούτσι
uno spettacolo

καινούρια
nuovo di zecca

ΗΡΑΚΛΗΣ :
Παπούτσια; Για τα πόδια εσύ θέλεις **σανδάλια**, όχι **παπούτσια**! Λοιπόν, θα ήθελα ένα **ζευγάρι σανδάλια**, κύριε!

το σανδάλι

το ζευγάρι
un paio

ΠΩΛΗΤΗΣ :
Σανδάλια! Μάλιστα! Λοιπόν!

μάλιστα
infatti

ΑΛΕΞΑΝΔΡΟΣ :
Φοράω νούμερο σαράντα δύο!

φοράω
indossare

ΠΩΛΗΤΗΣ :
Νούμερο; Τι είναι αυτό; Περίμενε, θα μετρήσω το πόδι σου!....

νούμερο
taglia, numero

ΑΛΕΞΑΝΔΡΟΣ :
Εντάξει... **Ορίστε,** / Εδώ είναι το πόδι μου.

ορίστε
ecco qui

ΗΡΑΚΛΗΣ :
Και τι ρούχα είναι αυτά που φοράς;

ΔΙΑΛΟΓΟΥ XIV

τι σερτ
una maglietta

το παντελόνι

το καπέλο

τα γυαλιά

σωστή
giusto, corretto

ο χιτώνας

σιγά σιγά
lentamente

**πόσο κάνει /
πόσο κοστίζει**
quanto costa?

κοστίζω
costare

τα ρέστα
il resto

περιμένω
aspettare

η δραχμή

ΑΛΕΞΑΝΔΡΟΣ :

Τι εννοείς; **Φοράω** ένα **τι-σερτ** και ένα τζην **παντελόνι**. Φοράω στο κεφάλι το **καπέλο** μου, και τα **γυαλιά** στα μάτια μου.

ΗΡΑΚΛΗΣ :

Τι **παντελόνι**; Τι τζην; Εσύ θέλεις **σωστή** ένδυση! Εσύ θέλεις **χιτώνα** κόκκινο, είσαι μικρό παιδί! Και θέλεις και ιμάτιον ή μανδύα, για όταν κάνει κρύο. Λοιπόν, τελειώνουμε εδώ με τα σανδάλια και πάμε για ρούχα.

ΑΛΕΞΑΝΔΡΟΣ :

Ηρακλή! **Σιγά σιγά**!

ΗΡΑΚΛΗΣ :

Τι σιγά σιγά; Λοιπόν, κύριε, έτοιμος ο μικρός; **Πόσο κάνει** το ζευγάρι τα σανδάλια; **Πόσο κοστίζουν** και τα δύο;

ΠΩΛΗΤΗΣ :

Τα σανδάλια **κοστίζουν** τρεις δραχμές.

ΗΡΑΚΛΗΣ :

Έχω ένα τετράδραχμο. Έχετε **ρέστα**;

ΠΩΛΗΤΗΣ :

Μάλιστα, κύριε. Ένα λεπτό, **περιμένετε**. Ορίστε. Εδώ είναι : μία **δραχμή ρέστα** και τα σανδάλια σας.

CAPITOLO 14

ΑΣΚΗΣΕΙΣ ΚΑΤΑΝΟΗΣΗΣ ΔΙΑΛΟΓΟΥ

ESERCIZI DI COMPRENSIONE

Άσκηση 1: Vero o Falso? / Σωστό ή Λάθος;
Se c'è un errore nella frase, riscrivila correttamente

Σ   Λ

1. Σύμφωνα με τον διάλογο, στο Βουλευτήριο της Αρχαίας Αθήνας ψηφίζουν τους νόμους. Στην Πνύκα συζητάνε και αποφασίζει η Εκκλησία του Δήμου.

   Αν η πρόταση είναι λάθος, γράψε τη σωστά.

2. Η Ακρόπολη και ο Παρθενώνας στον διάλογο έχουν το λεγόμενο καθαρό, λευκό χρώμα.

   Αν η πρόταση είναι λάθος, γράψε τη σωστά.

3. Ο αγγειοπλάστης πουλάει σκεύη, ο υποδηματοποιός πουλάει αγγεία, ο χαλκουργός πουλάει παπούτσια και ο γλύπτης πουλάει γλυπτά.

   Αν η πρόταση είναι λάθος, γράψε τη σωστά.

4. Στην Αμερική τα ευρώ είναι πολλά, αλλά στην Ελλάδα τα δολλάρια είναι λίγα. Τα δολλάρια και τα ευρώ είναι λεφτά.

   Αν η πρόταση είναι λάθος, γράψε τη σωστά.

ΔΙΑΛΟΓΟΥ XIV

5. Ο Ηρακλής θέλει σωστή ένδυση για τον Αλέξανδρο, δηλαδή ένα τι-σερτ και ένα τζην παντελόνι, στο κεφάλι το καπέλο του, και τα γυαλιά στα μάτια του.

Αν η πρόταση είναι λάθος, γράψε τη σωστά.

ΑΣΚΗΣΕΙΣ ΓΙΑ ΚΟΥΒΕΝΤΑ ΔΙΑΛΟΓΟΥ
ESERCIZI DI DISCUSSIONE

1. Ποιος αποφασίζει για τους νόμους στη χώρα σου; Εσύ γνωρίζεις για τους νόμους της χώρας σου όσα θέλεις;

2. Τι σου αρέσει καλύτερα; Μικρά καταστήματα για κάθε διαφορετικό προϊόν, δηλαδή ένα υποδηματοποιείο για παπούτσια, ένα κατάστημα ρούχων για ρούχα, ή ένα μεγάλο κατάστημα που έχει όλα τα προϊόντα μαζί, σε έναν χώρο; Γιατί σου αρέσει το ένα ή το άλλο, τα πολλά μικρά καταστήματα ή το μεγάλο μωλ;

3. Τα λεφτά φέρνουν την ευτυχία για σένα; Ή όχι; Γιατί;

CAPITOLO 15

15
ΑΓΟΡΑΖΟΝΤΑΣ ΤΡΟΦΙΜΑ

ΑΛΕΞΑΝΔΡΟΣ :
Ηρακλή! **Πεινάω**!

ΗΡΑΚΛΗΣ :
Δηλαδή; Τι εννοείς πεινάς;

ΑΛΕΞΑΝΔΡΟΣ :
Δηλαδή **θέλω φαγητό**… Τώρα! **Υπάρχει κανένας** φούρνος εδώ **γύρω** στην Αγορά;

ΗΡΑΚΛΗΣ :
Τι τον θέλεις το φούρνο; Θα **ψήσεις** κρέας μήπως;

ΑΛΕΞΑΝΔΡΟΣ :
Όχι το **μηχάνημα**, εννοώ τον φούρνο που πουλάει ψωμί. **Θέλω** μία **τυρόπιτα**, μία **σπανακόπιτα**, δεν ξέρω. Κανένα **κουλούρι**, ίσως;

ΗΡΑΚΛΗΣ :
Τι είναι **όλα** αυτά;

πεινάω
essere affamato
θέλω
volere
το φαγητό
cibo
υπάρχω
esistere
κανένας
nessuno
γύρω
intorno

ψήνω
το μηχάνημα
macchina
η τυρόπιτα
torta al formaggio
η σπανακόπιτα
torta agli spinaci

το κουλούρι
όλα
tutto

ΔΙΑΛΟΓΟΥ XV

η πίτα

το τυρί

το σπανάκι
spinaci

τα χόρτα
erba, verdure

στρογγυλό
tondo, circolare

το σνακ
spuntino

κάπου
qualche parte, posto

τελοσπάντων
comunque

μήπως
che dire...?

η μπανάνα

θα βρω
io troverò

τίποτα
niente

ΑΛΕΞΑΝΔΡΟΣ :

Η τυρόπιτα είναι **πίτα** με **τυρί**. Η σπανακόπιτα είναι **πίτα** με **σπανάκι**, με **χόρτα**. Ε, και το κουλούρι είναι ένα **στρογγυλό σνακ** με σουσάμι. Έχει **κάπου** εδώ γύρω κανένα σνακ; Ή, **τελοσπάντων**, κανένα σάντουιτς;...

ΗΡΑΚΛΗΣ :

Αλέξανδρε, δεν ξέρω τι είναι σνακ και σάντουιτς. **Μήπως** θέλεις κανένα **φρούτο**;

ΑΛΕΞΑΝΔΡΟΣ :

Α, ναι! Γιατί όχι; **Μήπως** καμία **μπανάνα**; Πού θα **βρούμε** μπανάνες;

ΗΡΑΚΛΗΣ :

Δεν ξέρω τι μου λες μπανάνες και τέτοια! **Φρούτα** έχει στο **Οπωροπωλείο**. Πάμε εκεί;

ΑΛΕΞΑΝΔΡΟΣ :

Αχ, Ηρακλή! **Τίποτε** δεν ξέρεις.

το φρούτο

το οπωροπωλείο

CAPITOLO 15

ΗΡΑΚΛΗΣ :

Ναι. Εν οίδα ότι ουδέν οίδα. Ξέρω πολλά φρούτα, αλλά τις μπανάνες δεν τις ξέρω. Θέλεις **σύκα**; Έχει στην Αγορά. Θέλεις **λάχανα**; Έχει. Θέλεις **άρτο** με **μέλι**, που είναι **νόστιμο**; Έχει.

ΑΛΕΞΑΝΔΡΟΣ :

Α, μπράβο! **Άρτο**, δηλαδή **ψωμί**! Αυτό θέλω. Αλλά περίμενε...

ΗΡΑΚΛΗΣ :

Τι;

ΑΛΕΞΑΝΔΡΟΣ :

Είναι **μεσημέρι** πια. Μήπως κανένα **σουβλάκι**; Θέλω **κανονικό** φαγητό.

ΗΡΑΚΛΗΣ :

Ναι, **κανονικό** φαγητό! Μία πίτα με τυρί ή **μέλι**. Ή **πουρέ**! Ναι, **πουρέ**! Μμμμ, μου **άνοιξε** η **όρεξη**! Πάμε στο **Εστιατόριο**;

ΑΛΕΞΑΝΔΡΟΣ :

Όχι, δεν θέλω **ταβέρνες** και εστιατόρια. Θέλω φαγητό **στο χέρι**. Κάτι **γρήγορο**! Σουβλάκια πού έχει εδώ γύρω;

το σύκο

το εστιατόριο

το λάχανο
cavolo

ο άρτος / το ψωμί

το μέλι

νόστιμο
delizioso

το μεσημέρι
mezzogiorno

το σουβλάκι
souvlaki

κανονικό
normale

ο πουρές
purea

ανοίγω / άνοιξα
aprire / lo ho aperto

η όρεξη
appetito

η ταβέρνα
taverna

στο χέρι
da portar via
(letteralmente: nella mano)

γρήγορο
veloce

ΔΙΑΛΟΓΟΥ XV

ρε! hey! (in modo un po' aggressivo)	
τρελαίνω impazzire	
το τζατζίκι tzatziki	
το γιαούρτι yogurt	
μαζί insieme	
τυλιγμένα avvolto	
όταν quando	
πάντα sempre	
τρώω mangiare	
έχω δίκιο avere ragione	
πώς; come?	
ίδιο lo stesso	
για per	

ΗΡΑΚΛΗΣ :

Ρε Αλέξανδρε. Θα με **τρελάνεις**! Τι είναι το σουβλάκι;

ΑΛΕΞΑΝΔΡΟΣ :

Το σουβλάκι είναι **κρέας** με **πατάτες**, **ντομάτες**, **κρεμμύδι** και **τζατζίκι**. Το **τζατζίκι** είναι **γιαούρτι** με σκόρδο. Όλα αυτά **μαζί**, **τυλιγμένα** σε μία πίτα! Το πιο **γρήγορο** σνακ της Αθήνας! **Όταν** πάω στην αρχαία Αγορά, **πάντα τρώω** ένα σουβλάκι **στο χέρι**!

ΗΡΑΚΛΗΣ :

Ναι. **Κρέας** έχει, **κρεμμύδι** έχει και **γιαούρτι** έχει. Ντομάτες και **πατάτες** δεν ξέρω πάλι τι είναι!

ΑΛΕΞΑΝΔΡΟΣ :

Αχ, **έχεις δίκιο**. Η ντομάτα είναι φρούτο του νέου κόσμου! **Πώς** να το ξέρεις; Το **ίδιο** και η πατάτα! Δεν υπάρχει πατάτα στην αρχαία Αθήνα... Αλλά δεν υπάρχει και σουβλάκι. Τι άλλο υπάρχει **για** φαγητό;

το κρέας   η πατάτα

η ντομάτα   το κρεμμύδι   το σκόρδο

CAPITOLO 15

ΗΡΑΚΛΗΣ :
Δεν ξέρω. Πάμε στο οπωροπωλείο;

ΑΛΕΞΑΝΔΡΟΣ :
Λαϊκή αγορά δεν έχει εδώ;

η λαϊκή αγορά

ΗΡΑΚΛΗΣ :
Ε, ο λαός της Αθήνας αγοράζει στην Αγορά αυτή.
Αλλά δεν την λένε λαϊκή! Πάμε...

ΤΡΙΤΗ ΦΩΝΗ - ΕΜΠΟΡΟΣ :
Πάρε πάρε, εδώ τα καλά **μήλα**! Εδώ τα καλά **μήλα**!

το μήλο

ΗΡΑΚΛΗΣ :
Βλέπεις; Έχει **μήλα**! Μήπως θέλεις **μήλα**;

ΑΛΕΞΑΝΔΡΟΣ :
Γιατί όχι; Ας πάρουμε μισό **κιλό**!
Μισό **κιλό** μήλα παρακαλώ!

το κιλό
un chilo (peso, quantità)

ΟΠΩΡΟΠΩΛΗΣ :
Τι είναι μισό **κιλό**; **Πόσα** μήλα θέλεις μικρέ;

πόσα
quanti?

ΑΛΕΞΑΝΔΡΟΣ :
Σωστά. Τα κιλά είναι **άγνωστα** ακόμα... Μου
βάζετε πέντε μήλα, παρακαλώ;

σωστά
giusto! (avverbio)

άγνωστα
sconosciuto

ΟΠΩΡΟΠΩΛΗΣ :
Αμέσως! Πέντε μήλα στον μικρό.

βάζω
mettere

αμέσως!
immediatamente!

ΔΙΑΛΟΓΟΥ XV

η σαλάτα

τα χόρτα
erba, verdure

το βλήτο
amaranto verde
(metaforica-
mente: idiota)

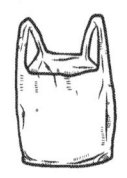

η σακούλα

το πορτοκάλι

είμαι εντάξει
sto bene

ΑΛΕΞΑΝΔΡΟΣ :

Θέλω και λίγο **σαλάτα**! Τώρα ντομάτες δεν έχει... Τι **σαλάτα** θα φάμε;

ΟΠΩΡΟΠΩΛΗΣ :

Έχω καλά λάχανα, κρεμμύδια και πράσινα **βλήτα**! Νόστιμα **χόρτα**!

ΑΛΕΞΑΝΔΡΟΣ :

Δεν μου αρέσουν τα **χόρτα**... Αλλά τι να κάνουμε; Χόρτα έχει, χόρτα θα πάρουμε... Μου **βάζετε** μία **σακούλα** χόρτα, παρακαλώ;

ΟΠΩΡΟΠΩΛΗΣ :

Αμέσως! Μία **σακούλα χόρτα** στον μικρό. Μήλα των Εσπερίδων θέλεις;

ΗΡΑΚΛΗΣ :

Αμάν τα φοβάμαι αυτά τα μήλα!...

ΑΛΕΞΑΝΔΡΟΣ :

Μήλα των Εσπερίδων! Από την Ισπανία, **πορτοκάλια** δηλαδή! Ωραία! Πέντε **πορτοκάλια** παρακαλώ!

ΟΠΩΡΟΠΩΛΗΣ :

Ορίστε. Εδώ. Θέλεις κάτι άλλο;

ΑΛΕΞΑΝΔΡΟΣ :

Εγώ **είμαι εντάξει**. Εσύ, Ηρακλή; Θέλεις κάτι άλλο;

CAPITOLO 15

ΗΡΑΚΛΗΣ :
Όχι. Καλά είμαι. **Μου αρέσουν** τα μήλα, αλλά **δεν μου αρέσουν** τα Μήλα των Εσπερίδων. Πόσο θέλεις για όλα κύριε Οπωροπώλη;

ΟΠΩΡΟΠΩΛΗΣ :
Τρεις δραχμές τα μήλα, δύο δραχμές για τα χόρτα και πέντε δραχμές για τα Μήλα των Εσπερίδων.

ΗΡΑΚΛΗΣ :
Πέντε δραχμές για τα Μήλα των Εσπερίδων; Είναι **ακριβά!! Σίγουρα** τα θέλεις, Αλέξανδρε;

ΟΠΩΡΟΠΩΛΗΣ :
Κύριε, είναι μήλα **εισαγωγής**. Τα **φέρνουμε** από την Ισπανία!

ΗΡΑΚΛΗΣ :
Καλά, τι να κάνουμε; Εισαγωγής, εισαγωγής. Δηλαδή πόσο είναι όλα **μαζί**;

ΟΠΩΡΟΠΩΛΗΣ :
Όλα **μαζί** είναι δέκα δραχμές, παρακαλώ.

ΗΡΑΚΛΗΣ :
Ορίστε. Αχ, ρε Αλέξανδρε με τα ακριβά σου **γούστα**! Πάμε να βρούμε ένα δέντρο, να κάτσουμε, **καθίσουμε** να φάμε!

ΑΛΕΞΑΝΔΡΟΣ :
Πάμε! **Πεινάω σαν λύκος**!

μου αρέσει
mi piace

δεν μου αρέσει
non mi piace

ακριβά
costoso

σίγουρα
di sicuro! (avverbio)

εισαγωγής
importato

φέρνω
portare

μαζί
insieme

το γούστο
gusto

κάθομαι - καθίζω
sedersi

πεινάω σαν λύκος
avere una fame da lupi

ο λύκος

ΔΙΑΛΟΓΟΥ XV

ΑΣΚΗΣΕΙΣ ΚΑΤΑΝΟΗΣΗΣ ΔΙΑΛΟΓΟΥ
ESERCIZI DI COMPRENSIONE

1. Ο "φούρνος" για τον Αλέξανδρο είναι :
   α) μηχάνημα, συσκευή για να ψήνει κρέας.
   β) κατάστημα που πουλάει ψωμί και τυρόπιτες.
   γ) ένα πολύ ζεστό δωμάτιο.
   δ) ένα πολύ ζεστό αυτοκίνητο.

2. Η σπανακόπιτα είναι
   α) σνακ με σουσάμι.
   β) σνακ με τυρί, πίτα με τυρί.
   γ) σνακ με χόρτα, πίτα με σπανάκι.
   δ) σνακ με λάχανα, κρεμμύδι και τζατζίκι.

3. Στην Αρχαία Αθήνα :
   α) υπάρχουν ντομάτες και πατάτες και είναι πολύ νόστιμες.
   β) δεν υπάρχουν ντομάτες και πατάτες γιατί κάνει κρύο.
   γ) δεν υπάρχουν ντομάτες και πατάτες γιατί κάνει ζέστη.
   δ) δεν υπάρχουν ντομάτες και πατάτες γιατί είναι φρούτα του νέου κόσμου.

4. Η λαϊκή αγορά είναι :
   α) δίπλα στην Αγορά της Αρχαίας Αθήνας.
   β) στη νέα Αθήνα και είναι αγορά με φρούτα και λαχανικά για το λαό.
   γ) στην Αρχαία Αθήνα κάθε Κυριακή.
   δ) στη νέα Αθήνα και είναι αγορά που ακούγεται λαϊκή μουσική.

CAPITOLO 15

5. Τα πορτοκάλια :

   α) αρέσουν στον Ηρακλή.

   β) δεν αρέσουν στον Ηρακλή ούτε στον Αλέξανδρο.

   γ) αρέσουν στον Αλέξανδρο, αλλά δεν αρέσουν στον Ηρακλή.

   δ) είναι τα μήλα των Εσπερίδων, αρέσουν στον Ηρακλή και στον Αλέξανδρο.

ΑΣΚΗΣΕΙΣ ΓΙΑ ΚΟΥΒΕΝΤΑ ΔΙΑΛΟΓΟΥ
ESERCIZI DI DISCUSSIONE

1. Τι φαγητό σου αρέσει; Προτιμάς τα σνακ ή κανονικά γεύματα που παίρνουν πολύ χρόνο; Γιατί;

2. Στην Ελλάδα λένε "Κάθε πράγμα στον καιρό του και τον Αύγουστο ο κολιός" δηλαδή κάθε εποχή έχει το φρούτο της ή το ψάρι της. Εσύ τι γνώμη έχεις; Θέλεις ντομάτες τον χειμώνα, σύκα την άνοιξη και πορτοκάλια το καλοκαίρι; Είναι κάθε εποχή για κάθε λαχανικό και φρούτο; Ή όχι;

3. Τι γνώμη έχεις για τα γενετικά τροποποιημένα τρόφιμα (cibo geneticamente modificato) και λαχανικά; Είναι καλά για την υγεία του ανθρώπου;

113

16

ΕΝ ΤΩ ΜΕΣΩ, IN MEDIAS RES

νόστιμα
gustoso

το πορτοκάλι

φρεσκα
fresco

Μήλα των Εσπερίδων
Mele delle Esperidi

σιγά
grande affare

μπορώ
io posso

καλύτερα
meglio

θυμάμαι
ricorda

βρέθηκα
io ho trovato me stesso

διάβαζα

κοιμήθηκα

Κάθονται κάτω από έναν πλάτανο.

ΑΛΕΞΑΝΔΡΟΣ :

Αχ, **νόστιμα** ήταν τα **πορτοκάλια**! Φρέσκα φρέσκα!

ΗΡΑΚΛΗΣ :

Τα **Μήλα των Εσπερίδων** λες; Μπα, καημένε! **Σιγά που** είναι νόστιμα!

ΑΛΕΞΑΝΔΡΟΣ :

Γιατί; Νόστιμα είναι! Και **τώρα που** έφαγα, **μπορώ** και σκέφτομαι **καλύτερα**....

ΗΡΑΚΛΗΣ :

Τι σκέφτεσαι, Αλέξανδρε;

ΑΛΕΞΑΝΔΡΟΣ :

Θυμάμαι πώς **βρέθηκα** εδώ! Καθώς **διάβαζα** ένα βιβλίο για μυθολογία, **κοιμήθηκα**!

ΗΡΑΚΛΗΣ :

Κοιμήθηκες; Μα τι είναι μυθολογία; Τι λες βρε Αλέξανδρε;

CAPITOLO 16

ΑΛΕΞΑΝΔΡΟΣ :

Μυθολογία είναι όλες αυτές οι **ιστορίες**, για τους **άθλους** σου, Ηρακλή! Είναι μυθολογία, δηλαδή δεν είναι **αλήθεια**, αλλά μύθοι.

ΗΡΑΚΛΗΣ :

Δεν είναι αλήθεια; Τι λες, βρε **άσχετε**; Είναι και παραείναι αλήθεια! Τα **πόδια** μου και η λεοντή μου το ξέρουν πόσο αλήθεια είναι! Α, τώρα έχω νεύρα με τα λόγια σου! **Ντροπή**!

ΑΛΕΞΑΝΔΡΟΣ :

Συγγνώμη, Ηρακλή. **Με συγχωρείς**! Έχεις δίκιο! Όλα αλήθεια είναι, απλώς στο **σπίτι μου** δεν με πιστεύουν!

ΗΡΑΚΛΗΣ :

Ωραία. Το δέχομαι. Διάβαζες λοιπόν και τι έγινε;

ΑΛΕΞΑΝΔΡΟΣ :

Ε, εκεί, την **ώρα** που διάβαζα, έπεσε στο κεφάλι μου ένα άλλο βιβλίο από την **βιβλιοθήκη**!

ΗΡΑΚΛΗΣ :

Όταν διάβαζες έπεσε **άλλο** βιβλίο στο **κεφάλι** σου; Και;

ιστορίες
storie

άθλους
dodici fatiche

αλήθεια
verità

άσχετε
irrilevante / estraneo

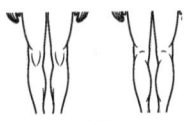

πόδια

ντροπή
vergogna

συγγνώμη
perdono

με συγχωρείς
mi dispiace

σπίτι μου

ώρα
tempo

βιβλιοθήκη

κεφάλι

άλλο
altro

ΔΙΑΛΟΓΟΥ XVI

μετά
dopo

ξέρω
io so

πάντως
in ogni caso

έβλεπα
stavo vedendo

Αρχαία Αθήνα
Antica Atene

τα αγάλματα
le statue

χρώματα
colori

οι ναοί

άνθρωποι
persone, gente

άλογα

άρματα
carri (armati)

Παγκράτι
Pankrati, nome di un quartiere di Atene

ΑΛΕΞΑΝΔΡΟΣ :

Ναι, έπεσε ένα βιβλίο στο κεφάλι μου όταν διάβαζα, στο σπίτι μου, στο Παγκράτι. **Μετά**, δεν **ξέρω** τι έγινε. Κοιμήθηκα; **Πάντως**, όλα όσα **έβλεπα** ήταν **αρχαία**. Να, όπως τα βλέπω όλα τώρα : **Αρχαία** Αθήνα, και όλα τα **αγάλματα** έχουν **χρώματα**. Οι **ναοί** έχουν **χρώματα**. Οι **άνθρωποι** φοράνε **αρχαία** ρούχα και δεν υπάρχουν αυτοκίνητα, αλλά μόνον **άλογα** και κάρα / **άρματα**!

ΗΡΑΚΛΗΣ :

Τι είναι κάρα;

ΑΛΕΞΑΝΔΡΟΣ :

Κάρα είναι άρματα.

ΗΡΑΚΛΗΣ :

Μα, έτσι είναι όλες οι πόλεις στην Ελλάδα βρε Αλέξανδρε! Απλώς η Αθήνα είναι πιο μεγάλη, ας πούμε, από την Κόρινθο.

ΑΛΕΞΑΝΔΡΟΣ :

Ναι, η Αθήνα είναι μεγαλύτερη από την Κόρινθο. Το ξέρω καλά αυτό! Αλλά εγώ θα ήθελα να είμαι στο **Παγκράτι**! Πού είναι το Παγκράτι τώρα, στην αρχαία Αθήνα; Πού είναι η γειτονιά μου;

CAPITOLO 16

ΗΡΑΚΛΗΣ :
Το Παγκράτι δεν είναι τόπος, δεν είναι γειτονιά
- Το Παγκράτι είναι **άθλημα, σπορ**, Αλέξανδρε.
Είναι **πάλη, δύσκολη**! Τι εννοείς πού είναι τώρα;
Στους **αγώνες** είναι, όταν έχει αγώνες!

ΑΛΕΞΑΝΔΡΟΣ :
Αχ, Ηρακλή! Έχεις δίκιο. Δεν **καταλαβαίνεις**. Το Παγκράτι δεν υπάρχει ακόμα! Συγγνώμη. Μάλλον **κοιμάμαι** ακόμα...

ΗΡΑΚΛΗΣ :
Τι κοιμάσαι βρε; **Μόλις** έφαγες! Άντε, έλα, **πάμε**;
Έχω άθλους πολλούς να κάνω!!

ΑΛΕΞΑΝΔΡΟΣ :
Καλά, σίγουρα κοιμάμαι! **Πάμε, μέχρι** να ξυπνήσω.

ΗΡΑΚΛΗΣ :
Πάμε, αλλά **πρώτα** τα ρούχα που **πήραμε**! Θα τα φορέσεις;

ΑΛΕΞΑΝΔΡΟΣ :
Λοιπόν, **δεν μου αρέσουν** πολύ...

άθλημα / σπορ
sport

πάλη

δύσκολη
difficile

Αγώνες

Καταλαβαίνεις
tu capisci

κοιμάμαι

μόλις
appena

πάμε
andiamo

μέχρι
fino a

πρώτα
per prima cosa

πήραμε
abbiamo comprato

θα τα φορέσεις
tu indosserai

δεν μου αρέσουν
loro non mi piacciono

ΔΙΑΛΟΓΟΥ XVI

ΑΣΚΗΣΕΙΣ ΚΑΤΑΝΟΗΣΗΣ ΔΙΑΛΟΓΟΥ
ESERCIZI DI COMPRENSIONE

1. Ο Ηρακλής και ο Αλέξανδρος τρώνε :
   α) μήλα.
   β) μπανάνες.
   γ) μήλα των Εσπερίδων, δηλαδή πορτοκάλια.
   δ) φρούτα.

2. Η ιστορία μας ξεκίνησε επειδή
   α) ο Αλέξανδρος κοιμήθηκε επειδή ήταν κουρασμένος.
   β) ο Ηρακλής κοιμήθηκε επειδή ήταν κουρασμένος.
   γ) ο Ηρακλής κοιμήθηκε επειδή έπεσε ένα βιβλίο στο κεφάλι του.
   δ) ο Αλέξανδρος κοιμήθηκε επειδή έπεσε ένα βιβλίο στο κεφάλι του.

3. Στην Αρχαία Αθήνα τα αγάλματα τι χρώμα έχουν;
   α) λευκό του μαρμάρου.
   β) γκρι.
   γ) πολλά χρώματα.
   δ) μπλε του ουρανού.

4. Για τον Ηρακλή το Παγκράτι είναι :
   α) περιοχή, γειτονιά της Αθήνας.
   β) πάλη, άθλημα, σπορ.
   γ) πόλη στην Ελλάδα.
   δ) ρούχο.

CAPITOLO 16

ΑΣΚΗΣΕΙΣ ΓΙΑ ΚΟΥΒΕΝΤΑ ΔΙΑΛΟΓΟΥ
ESERCIZI DI DISCUSSIONE

1. Ο φυσικός Michael Faraday γράφει σε γράμμα του πως όταν εξέτασε τα Μάρμαρα του Παρθενώνα στο Βρετανικό Μουσείο, ένιωσε απελπισία γιατί η δυνατότητα να τα παρουσιάσει "στην αυθεντική τους λευκότητα και αγνότητα έμοιαζε απίθανη". Σήμερα ξέρουμε ότι τα αρχαία γλυπτά είχαν χρώματα και μόνο λευκά δεν ήταν. Τι πιστεύεις εσύ για τα χρώματα στην αρχαία ελληνική τέχνη; Σου αρέσουν;

2. Τα βιβλία βοηθάνε τη φαντασία ή την δαμάζουν κατά τη γνώμη σου; Γιατί;

3. Είναι πιο εύκολη η ζωή με αυτοκίνητα ή με άλογα και κάρα;

 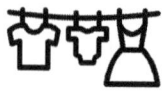

17
ΤΑ ΡΟΥΧΑ ΚΑΙ Ο ΦΙΛΟΣΟΦΟΣ

κανονικά
normalmente
φοράω
io indosso

ΑΛΕΞΑΝΔΡΟΣ :

Ηρακλή, εγώ **κανονικά φοράω** το **τι-σέρτ** μου, τη **μπλούζα** μου και ένα ζευγάρι **παπούτσια**. Τι είναι αυτά εδώ που αγοράσαμε;

τι-σερτ
μπλούζα
blusa

ΗΡΑΚΛΗΣ :

Αγοράσαμε έναν **χιτώνα κόκκινο**, ένα **ιμάτιον** για το **κρύο** και **σανδάλια**.

παπούτσια
χιτώνα
caftano, tunica
κόκκινο
rosso
ιμάτιον
pezzo di stoffa
κρύο
freddo

ΑΛΕΞΑΝΔΡΟΣ :

Δεν μου αρέσουν αυτά τα ρούχα.

ΗΡΑΚΛΗΣ :

Τι εννοείς δεν σου αρέσουν;

ΑΛΕΞΑΝΔΡΟΣ :

Εννοώ ότι δεν είναι **ωραία**! Δεν είναι **του γούστου μου**, βρε Ηρακλή. Είναι πολύ λίγα! Εγώ θέλω πολλά ρούχα! Κρυώνω!

σανδάλια
ωραία
carino
του γούστου μου
di mio gusto

CAPITOLO 17

ΗΡΑΚΛΗΣ :

Μα, **τι καιρό κάνει σήμερα;** Δεν **κάνει κρύο σήμερα!** Έχει ήλιο. Έχει ζέστη.

ΑΛΕΞΑΝΔΡΟΣ :

Ζέστη το λες εσύ αυτό; Εγώ κρυώνω. Δεν μου αρέσουν αυτά τα ρούχα. Θέλω το μπλουζάκι μου, άντε, το πολύ κανένα **πουκάμισο**! Όχι χιτώνα και ιμάτιον!

ΗΡΑΚΛΗΣ :

Πρώτα **δοκίμασε**, και μετά **θα ρωτήσουμε** έναν **φιλόσοφο**, εδώ, στην **Αγορά**. Έχει πολλούς φιλοσόφους.

ΑΛΕΞΑΝΔΡΟΣ :

Καλά. Ας δοκιμάσω.

Φοράει τα **ρούχα** που αγόρασαν.

ΑΛΕΞΑΝΔΡΟΣ :

Επιμένω. Δεν μου αρέσουν καθόλου. Δεν είναι **το νούμερό μου** αυτά τα ρούχα!

ΗΡΑΚΛΗΣ :

Το νούμερό σου; Δηλαδή;

τι καιρό κάνει
che tempo fa

σήμερα
oggi

κάνει κρύο

έχει ήλιο

πουκάμισο
camicia

δοκίμασε
provare

θα ρωτήσουμε
chiederemo

φιλόσοφο
filosofo

Αγορά
mercatino all'aperto

φοράει
lui indossa

τα ρούχα

επιμένω
insisto

το νούμερό μου
la mia taglia

ΔΙΑΛΟΓΟΥ XVII

μεγάλα
grande

βλέπεις
vedi

χέρια
ρωτήσουμε
chiedere

κύριε
signore

αν λες
se dici

σοφός
saggio

ερώτηση
domanda

αγαπάει
a lui piace, lui ama

σοφία
saggezza

φίλη
amica

γνώση
conoscenza

πραγμάτων
di cose

άρα
quindi, allora

αγαπάτε
a te piace, tu ami

ΑΛΕΞΑΝΔΡΟΣ :

Δηλαδή είναι **μεγάλα**, αλλά εγώ είμαι μικρός! **Βλέπεις**; Τα **χέρια** μου είναι πιο μικρά από τα ρούχα!

ΗΡΑΚΛΗΣ :

Ας **ρωτήσουμε** έναν φιλόσοφο. Ε, **κύριε**, κύριε, είστε φιλόσοφος;

ΦΙΛΟΣΟΦΟΣ :

Αν λες ότι είμαι **σοφός**, είμαι και φιλόσοφος. Τι είναι φιλόσοφος;

ΗΡΑΚΛΗΣ :

Τι είναι φιλόσοφος; Χμμμ... Δύσκολη **ερώτηση**!

ΑΛΕΞΑΝΔΡΟΣ :

Φιλόσοφος είναι αυτός που **αγαπάει** τη σοφία. Όχι τη **Σοφία** τη **φίλη** μου, τη σοφία, τη **γνώση** των **πραγμάτων**, δηλαδή.

ΦΙΛΟΣΟΦΟΣ :

Εγώ δεν μου αρέσει όταν δεν ξέρω. Μου αρέσει όταν ξέρω πράγματα. **Άρα**;

ΑΛΕΞΑΝΔΡΟΣ :

Άρα **αγαπάτε** τη σοφία, κύριε.

CAPITOLO 17

ΦΙΛΟΣΟΦΟΣ :
Αυτός ο μικρός γιατί μιλάει σε **πολλούς**; Ένας είμαι!

ΑΛΕΞΑΝΔΡΟΣ :
Συγγνώμη, άρα αγαπάς τη σοφία, κύριε.

ΦΙΛΟΣΟΦΟΣ :
Άρα τι είμαι;

ΗΡΑΚΛΗΣ :
Μπίνγκο! Φιλόσοφος! Κύριε Φιλόσοφε, έχω μία ερώτηση! Αυτά τα ρούχα που φοράει ο μικρός Αλέξανδρος, είναι καλά; Σου αρέσουν; Ο **ίδιος** λέει ότι δεν του αρέσουν. Εγώ έχω ένα **μανδύα**, από τον **Κένταυρο Νέσσο**, δώρο. Αλλά δεν τον φοράω ποτέ, γιατί φοράω αυτή τη λεοντή. Αλλά ο μικρός δεν του αρέσουν τα ρούχα καθόλου!

ΦΙΛΟΣΟΦΟΣ :
Δεν του αρέσουν; Έχει δίκιο!

ΗΡΑΚΛΗΣ :
Γιατί έχει δίκιο;

ΦΙΛΟΣΟΦΟΣ :
Γιατί αυτά τα ρούχα είναι πολλά για μικρό παιδί! Πρέπει να φοράει λίγα. Να **ζει βίο λιτό**. Να **ζει** μία ζωή με λίγα πράγματα. **Όπως ζούνε** οι φιλόσοφοι.

πολλούς
molti

ένας
uno

μπίνγκο
bingo

ίδιος
lo stesso, se stesso

μανδύα
Κένταυρο Νέσσο
Il Centauro Nesso

ο βίος / η ζωή
vita

λιτός
semplice

ζει
vite

όπως
ad esempio

ζούνε
loro vivono

ΔΙΑΛΟΓΟΥ XVII

ΑΛΕΞΑΝΔΡΟΣ :
Δηλαδή;

λάθος
sbagliato, errore

ΦΙΛΟΣΟΦΟΣ :
Δηλαδή αυτά τα ρούχα είναι **λάθος**. Το σωστό είναι ο μικρός, ο νέος, να φοράει λίγα ρούχα, όχι πολλά. Αυτά είναι πολλά!

τίποτε
niente

γυμνός
spoglio

ΑΛΕΞΑΝΔΡΟΣ :
Δηλαδή να μη φοράω **τίποτε**; Να είμαι **γυμνός**;

Γυμνάσιο
palestra

ΦΙΛΟΣΟΦΟΣ :
Ναι, να είσαι γυμνός, μικρέ. Να είσαι στο **Γυμνάσιο** και να **γυμνάζεσαι** γυμνός. Αυτό είναι το **σωστό**.

γυμνάζεσαι

σωστό
corretto, giusto

ΑΛΕΞΑΝΔΡΟΣ :
Αυτό είναι πιο **κακό** από το να φοράω αυτά που δεν μου αρέσουν. Εντάξει, το δέχομαι να τα φοράω αυτά. Ηρακλή, πάμε! Αυτός είναι **τρελός**, ο φιλόσοφος.

κακό
cattivo

τρελός
pazzo

λέει
lui dice

ΗΡΑΚΛΗΣ :
Δεν είναι τρελός αυτός. Απλώς **λέει** την αλήθεια. Και **μερικές φορές** η αλήθεια είναι δύσκολη. **Ευχαριστούμε** κύριε Φιλόσοφε, φεύγουμε.

μερικές
alcuni, certi

φορές
volte

ευχαριστούμε
ringraziamo

CAPITOLO 17

ΦΙΛΟΣΟΦΟΣ :

Εγώ ευχαριστώ. Είμαι **δάσκαλος**. Μήπως θέλετε κανένα **ιδιαίτερο** για τον μικρό; Ο πατέρας του είσαι;

ΗΡΑΚΛΗΣ :

Όχι, δεν είμαι ο πατέρας του. Είμαι φίλος του. **Νομίζω** ότι ο μικρός πηγαίνει στο **σχολείο**. Θέλεις μάθημα, Αλέξανδρε;

ΦΙΛΟΣΟΦΟΣ :

Ναι, θέλεις ιδιαίτερο μάθημα, Αλέξανδρε; Εγώ **διδάσκω**, εσύ **ακούς**. Θέλεις;

ΑΛΕΞΑΝΔΡΟΣ :

Θέλω ρούχα. Άρα δεν θέλω μάθημα σήμερα. Ευχαριστώ πολύ! Πάμε!

ΗΡΑΚΛΗΣ :

Ναι, κύριε Φιλόσοφε, **φεύγουμε**. Δεν έχουμε **χρόνο**! Έχω **άθλους** πολλούς **μπροστά μου**. Αντίο!

ΦΙΛΟΣΟΦΟΣ :

Αντίο! Κακό του **κάνεις**! Ο μικρός θέλει μάθημα! Και δεν θέλει αυτά τα ρούχα. Αντίο!

δάσκαλος

ιδιαίτερο
particolare / privato

νομίζω
io penso

σχολείο

διδάσκω
io insegno

ακούς

φεύγουμε
noi lasciamo

χρόνο

άθλους
realizzazioni

μπροστά μου
davanti a me

αντίο
addio

κάνεις
tu fai

ΔΙΑΛΟΓΟΥ XVII

ΑΣΚΗΣΕΙΣ ΚΑΤΑΝΟΗΣΗΣ ΔΙΑΛΟΓΟΥ

ESERCIZI DI COMPRENSIONE

Άσκηση 1: Vero o falso? / Σωστό ή Λάθος;
Se c'è un errore nella frase, riscrivila correttamente.

Σ   Λ

1. Ο χιτώνας, το ιμάτιον και τα σανδάλια είναι, σύμφωνα με τον Αλέξανδρο, πολλά ρούχα. Του αρέσουν ιδιαιτέρως και είναι του γούστου του.

   Αν η πρόταση είναι λάθος, γράψε τη σωστά.

2. Ο φιλόσοφος στον διάλογο είναι φίλος της σοφίας, αλλά του αρέσει και να μην ξέρει πράγματα. Πιστεύει ότι ο Αλέξανδρος είναι καλό να φοράει τζιν και τισέρτ.

   Αν η πρόταση είναι λάθος, γράψε τη σωστά.

3. Ο φιλόσοφος λέει την ετυμολογία της λέξης Γυμνάσιο. Δηλαδή ότι εκεί κάνουν γυμναστική αθλητές γυμνοί. Αυτή είναι η αλήθεια για τη νέα Αθήνα, αλλά όχι για την Αρχαία.

   Αν η πρόταση είναι λάθος, γράψε τη σωστά.

CAPITOLO 17

4. Ο Αλέξανδρος θέλει ιδιαίτερα μαθήματα από τον φιλόσοφο, γιατί είναι πολύ καλός δάσκαλος.

Αν η πρόταση είναι λάθος, γράψε τη σωστά.

ΑΣΚΗΣΕΙΣ ΓΙΑ ΚΟΥΒΕΝΤΑ ΔΙΑΛΟΓΟΥ
ESERCIZI DI DISCUSSIONE

1. Ο Ηρακλής αισθάνεται ζέστη, ο Αλέξανδρος αισθάνεται κρύο και θέλει πιο πολλά ρούχα. Η αίσθηση του κλίματος είναι υποκειμενική; Τι γνώμη έχεις για την κλιματική αλλαγή;

2. Πιστεύεις ότι η σοφία και η μανία είναι κοντά η μία στην άλλη; Ο φιλόσοφος στον διάλογο είναι σοφός ή τρελός ή και τα δύο;

3. Η ετυμολογία της λέξης "Γυμνάσιο" είναι από τους γυμνούς αγώνες, την γυμναστική που γινόταν κατά την εκπαίδευση των μαθητών στην αρχαία Ελλάδα. Είναι σημαντική η γυμναστική και η άθληση σήμερα στην εκπαίδευση; Πώς συνδυάζεται τεχνολογία, γυμναστική και εκπαίδευση;

18
Ο ΘΗΣΕΑΣ ΚΑΙ Ο ΗΡΑΚΛΗΣ

γνωστό
familiare

πρόσωπο
persona, faccia

Θησέας
Teseo

ΗΡΑΚΛΗΣ :

Ε, κύριε, ποιος είσαι; Αλέξανδρε, ποιος είναι αυτός;

ΑΛΕΞΑΝΔΡΟΣ :

Δεν ξέρω. Ποιος είναι; Κάπου τον ξέρω αυτόν!
Γνωστό πρόσωπο.

Αιγέας
Egeo

Αίθρα
Etra

σκότωσα
ucciso

Πιτυοκάμπτη
Sini o Curvatore di pini

ΘΗΣΕΑΣ :

Εγώ είμαι ο **Θησέας**, ο μεγάλος ήρωας της Αττικής! Πατέρας μου είναι ο **Αιγέας** και μητέρα μου η **Αίθρα**! **Σκότωσα** τον **Πιτυοκάμπτη** και τον **γέρο ληστή Σκίρωνα**. Τον έριξα στην **θάλασσα** και τον έφαγε η **χελώνα**. Δεν φοβάμαι κανέναν εγώ. Ούτε εσένα φοβάμαι! Σκότωσα τον φοβερό **Προκρούστη** με το ίδιο του το **θανάσιμο κρεβάτι**. Άρα **φόβος** για μένα δεν **υπάρχει**. Ποιος είσαι εσύ;

γέρο

ληστή
Ladro

Σκίρωνα
Scirone

Προκρούστη
Procrustes

θανάσιμο
mortale

φόβος
paura

υπάρχει
esiste

χελώνα

κρεβάτι

θάλασσα

CAPITOLO 18

ΗΡΑΚΛΗΣ :

Εγώ είμαι ο Ηρακλής. Ο μεγάλος ήρωας της **Πελοποννήσου**! Πατέρας μου είναι ο **Δίας** και μητέρα μου η **Αλκμήνη**! Σκότωσα το **Λιοντάρι** της Νεμέας και ούτε εγώ φοβάμαι εσένα! Τι θέλεις εδώ στην Αθήνα, Θησέα;

ΘΗΣΕΑΣ :

Βλέπω ότι αυτή η περιοχή, η Αττική, είναι σκέτο χάος! **Σπίτια** εδώ, οίκοι εκεί, όλα **μπερδεμένα**, ένα χάος! Ο ένας οίκος είναι κοντά στον άλλο, κολλητά τα σπίτια και δίπλα - δίπλα. Μετά πάλι **κενός** χώρος και **μακριά** από τα μαζεμένα σπίτια, άλλοι οικίσκοι **χωριστοί**. Γιατί είναι έτσι;

ΗΡΑΚΛΗΣ :

Δεν ξέρω, Αλέξανδρε, γιατί είναι έτσι;

ΑΛΕΞΑΝΔΡΟΣ :

Γιατί το ένα σπίτι είναι μακριά από το άλλο; Γιατί οι Αθηναίοι θέλουν **αυτονομία**. Μένουν σε **μονοκατοικίες**, όχι σε **πολυκατοικίες** ακόμα.

Πελοποννήσου
Peloponneso

Δίας
Αλκμήνη
Alcmena

λιοντάρι

σπίτια / οίκοι
μπερδεμένα
mescolati insieme
κενός
vuoto
μακριά
lontano

χωριστοί
a parte
αυτονομία
autonomia

μονοκατοικίες
case singole

πολυκατοικίες

ΔΙΑΛΟΓΟΥ XVIII

ΗΡΑΚΛΗΣ :

Τι είναι πολυκατοικίες;

ΑΛΕΞΑΝΔΡΟΣ :

Οι πολυκατοικίες είναι μεγάλα σπίτια, όπου μένουν πολλές **οικογένειες**. Μία οικογένεια σε κάθε **διαμέρισμα**. Δύο ή τρία διαμερίσματα σε κάθε **όροφο**. Και πολλοί όροφοι, πολλά **πατώματα**. Η **μοντέρνα** Αθήνα είναι όλη με πολυκατοικίες.

ΗΡΑΚΛΗΣ :

Και πώς είναι μέσα το σπίτι στην μοντέρνα Αθήνα;

ΑΛΕΞΑΝΔΡΟΣ :

Έχει ένα **σαλόνι** στο κέντρο, το **λίβινγκ ρουμ**. Αυτό το δωμάτιο είναι συνήθως και **τραπεζαρία**. Στην τραπεζαρία τρώμε το φαγητό και βλέπουμε **τηλεόραση**. Δίπλα στο σαλόνι είναι η **κουζίνα**. Στην κουζίνα **μαγειρεύουμε** το φαγητό. Στην άλλη πλευρά υπάρχει το **μπάνιο**, ή η **τουαλέτα**. Εκεί, στο μπάνιο, **κάνουμε την ανάγκη μας** και πλενόμαστε. Από την άλλη πλευρά υπάρχουν τα **υπνοδωμάτια**. Στα υπνοδωμάτια έχουμε τα **κρεβάτια** και κοιμόμαστε τη **νύχτα**.

οικογένειες
διαμέρισμα
appartamento
όροφο
piano
πατώματα
piani
μοντέρνα
moderno

σαλόνι /
λίβινγκ ρουμ

τραπεζαρία

τηλεόραση

κουζίνα
μαγειρεύουμε
noi cuciniamo
κάνουμε την
ανάγκη μας
andiamo al
bagno (lett.
facciamo i nostri
bisogni)

μπάνιο /
τουαλέτα

υπνοδωμάτια

κρεβάτι

νύχτα

CAPITOLO 18

ΘΗΣΕΑΣ :

Μεγάλος είναι ο μοντέρνος οίκος της Αθήνας, ω μικρέ Αλέξανδρε. Αυτοί εδώ οι οίκοι που βλέπω είναι σπίτια μικρά. Και πολύ μπερδεμένα, άλλα εδώ, άλλα εκεί. Θέλει **τάξη** αυτό το χάος!

τάξη
ordine

ΑΛΕΞΑΝΔΡΟΣ :

Και τι σκέφτεσαι να κάνεις, ω μεγάλε Θησέα;

ΘΗΣΕΑΣ :

Σκέφτομαι να μαζέψω αυτούς τους άτακτους οίκους. Σκέφτομαι να βάλω τάξη. Μετά θα είναι όλα εντάξει. Σκέφτομαι να κάνω **συνοικισμό**.

συνοικισμό
quartiere

ΗΡΑΚΛΗΣ :

Συνοικισμό; Τι είναι συνοικισμός;

ΘΗΣΕΑΣ :

Συνοικισμός είναι **ένωση**. Θα ενώσω όλα αυτά τα μικρά **χωριά**, όλα αυτά τα μικρά σπίτια και θα κάνω μία, **ενωμένη** πόλη. Όλη η Αττική θα **υπακούει** στην Αθήνα. Θα είναι οίκοι και πάλι, αλλά θα είναι μαζί, ενωμένοι. Συν-οικισμός, δηλαδή!

ένωση
unire

χωριά

ενωμένη
unito

υπακούει
obbedire

ΗΡΑΚΛΗΣ :

Και εσύ πού θα **μείνεις**;

μείνεις
stare, vivere

ΘΗΣΕΑΣ :

Εγώ πού θα μείνω; Εκεί **ψηλά**, ποιος μένει;

ψηλά
alto

ΔΙΑΛΟΓΟΥ XVIII

θεία
zia

βλέπω
io vedo

βασιλιάς

χρησμός
oracolo

Μαντείο
Oracolo di Delfi

χαλαρώσεις
allentare

ασκό
otre

φτάσεις
tu arrivi

αλλιώς
altrimenti

θλίψη
tristezza

Αίθρα
Etra, figlia di Pitteo

ακριβώς
esattamente

ΗΡΑΚΛΗΣ :

Πού; Εκεί; Στην Ακρόπολη; Εκεί μένει η **θεία** μου, η θεά Αθηνά!

ΘΗΣΕΑΣ :

Ε, εκεί θα μείνω και εγώ! Ψηλά στην Ακρόπολη, να **βλέπω** όλους τους Αθηναίους. Θα είμαι ο **βασιλιάς** τους! Το είπε και ο **χρησμός** αυτό!

ΗΡΑΚΛΗΣ :

Ποιος χρησμός;

ΑΛΕΞΑΝΔΡΟΣ :

Ηρακλή, ο χρησμός που έδωσε το **Μαντείο** των Δελφών στον Αιγέα : "Να μην **χαλαρώσεις** τον **ασκό** του κρασιού, μέχρι να **φτάσεις** στην Αθήνα, **αλλιώς** θα **πεθάνεις** από **θλίψη**" Και ο Αιγέας έτσι έκανε, και **παντρεύτηκε** την **Αίθρα**, αφού **μέθυσε**.

ΘΗΣΕΑΣ :

Έτσι **ακριβώς** είναι. Αλλά κάπου το ξέρω αυτό το λιοντάρι, Ηρακλή.

πεθάνεις

παντρεύτηκε

μέθυσε

CAPITOLO 18

ΗΡΑΚΛΗΣ :

Και εγώ, κάπου σε ξέρω εσένα, μικρέ Θησέα. **Μήπως** ήσουν στην **Τροιζήνα**, στο **παλάτι** του **Πιτθέα**;

ΘΗΣΕΑΣ :

Ναι, ήμουν, γιατί;

ΗΡΑΚΛΗΣ :

Γιατί **θυμάμαι** ένα **μωρό**. Όταν έφτασα και φορούσα αυτή τη λεοντή, ένα παιδί νόμισε ότι είναι λιοντάρι αληθινό και ζωντανό. Το παιδί αυτό σου έμοιαζε τώρα που σε βλέπω. Το παιδί άρπαξε ένα **τσεκούρι** για να σκοτώσει το νεκρό λιοντάρι. Εσύ ήσουν, Θησέα;

ΘΗΣΕΑΣ :

Ναι, εγώ ήμουν. Σε θυμάμαι καλά, ω μεγάλε Ηρακλή! **Χαίρομαι** που σε βλέπω πάλι, μετά από τόσα χρόνια!

ΗΡΑΚΛΗΣ :

Και εγώ χαίρομαι που σε βλέπω Θησέα! Πάντα **δυνατός** να είσαι και **ευλογημένος** από τον Δία!

ΑΛΕΞΑΝΔΡΟΣ :

Ωραία, τώρα που **γνωριστήκατε**, μήπως να μας πει ο Θησέας πού θα μείνει;

μήπως
forse

Τροιζήνα
Trezene, villaggio a nord-est del Peloponneso

παλάτι

Πιτθέα
Pitteo, re di Trezene

θυμάμαι
io ricordo

μωρό

τσεκούρι

χαίρομαι
sono contento

δυνατός
ευλογημένος
benedetto

γνωριστήκατε
tu hai conosciuto

ΔΙΑΛΟΓΟΥ XVIII

ανάκτορα

Άναξ

μπράβο
bravo

να μου ζήσεις
che tu possa vivere molti anni

ωραία
bene

οργανώσω
organizzare

λέγεται
chiamato, detto

ΘΗΣΕΑΣ :

Θα μείνω πάνω στην Ακρόπολη! Εγώ είμαι βασιλιάς, όχι απλός Αθηναίος. Ο Βασιλιάς θέλει παλάτι, **ανάκτορα**! Εκεί θα κάνω τα ανάκτορά μου και θα είμαι **Άναξ** των Αθηναίων όλων!

ΑΛΕΞΑΝΔΡΟΣ :

Μπράβο Θησέα

ΗΡΑΚΛΗΣ :

Μπράβο Θησέα! **Να μου ζήσεις** με τις ωραίες ιδέες σου!

ΘΗΣΕΑΣ :

Ωραία! Φεύγω τώρα, δυνατοί άνδρες, πάω να **οργανώσω** το χάος που **λέγεται** Αθήνα!

CAPITOLO 18

ΑΣΚΗΣΕΙΣ ΚΑΤΑΝΟΗΣΗΣ ΔΙΑΛΟΓΟΥ

ESERCIZI DI COMPRENSIONE

Άσκηση 1: Vero o falso? / Σωστό ή Λάθος;
Se c'è un errore nella frase, riscrivila correttamente.

Σ   Λ

1. Ο Θησέας έριξε τον πατέρα του τον Αιγέα στη θάλασσα και τον έφαγε η χελώνα. Δεν έχει κανένα φόβο γιατί σκότωσε τον Πιτυοκάμπτη με το ίδιο του το θανάσιμο κρεβάτι, και τον γέρο ληστή Σκίρωνα. Μητέρα του είναι η Αίθρα.

    Αν η πρόταση είναι λάθος, γράψε τη σωστά.

2. Η Αττική τον καιρό του Θησέα δεν είναι καθόλου χάος. Τα σπίτια είναι σε σειρά, τακτοποιημένα και όλα δίπλα - δίπλα, το ένα κοντά στο άλλο.

    Αν η πρόταση είναι λάθος, γράψε τη σωστά.

3. Η θεά Αθηνά μένει μαζί με τον Θησέα, στο ίδιο σπίτι, στα ανάκτορα, ψηλά στον Λυκαβηττό.

    Αν η πρόταση είναι λάθος, γράψε τη σωστά.

ΔΙΑΛΟΓΟΥ XVIII

4. Ο Θησέας είναι από την Τροιζήνα και όταν ήταν μικρός φορούσε μία λεοντή. Ο Ηρακλής είδε την λεοντή και πάλεψε με τον Θησέα, για να σκοτώσει το νεκρό λιοντάρι.

Σ   Λ

Αν η πρόταση είναι λάθος, γράψε τη σωστά.

ΑΣΚΗΣΕΙΣ ΓΙΑ ΚΟΥΒΕΝΤΑ ΔΙΑΛΟΓΟΥ

ESERCIZI DI DISCUSSIONE

1. Πώς σου φαίνεται η αρχιτεκτονική των πόλεων σήμερα στην Αμερική; Είναι χάος; Ή είναι όμορφες; Στην Ευρώπη; Ποιες οι διαφορές;

2. Ο Θησέας ενώνει τα μικρά σπίτια της Αττικής σε συνοικισμό. Μία συνοικία, μία γειτονιά τι διαφορές έχει από μία πολυκατοικία;

3. Ο Θησέας δεν πίνει κρασί μέχρι να είναι στην Αθήνα. Μερικοί λένε in vino veritas. Υπάρχει όριο στην κατανάλωση του κρασιού; Πρέπει να υπάρχει νόμος για αυτό;

CAPITOLO 19

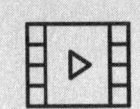

19
Ο ΗΡΑΚΛΗΣ ΕΧΕΙ ΝΕΥΡΑ

ΗΡΑΚΛΗΣ :
Αλέξανδρε! Τι κάνουμε **εδώ πέρα**; Δεν **προχωράμε** και **έχω τα νεύρα μου**!

ΑΛΕΞΑΝΔΡΟΣ :
Ηρακλή, τι εννοείς "δεν προχωράμε"; Γιατί έχεις τα νεύρα σου; Γιατί **είσαι τσαντισμένος**;

ΗΡΑΚΛΗΣ :
Έχω τα νεύρα μου γιατί τόσες ημέρες δεν κάνουμε ούτε έναν **νέο** άθλο! Τι κάναμε από την ώρα που σε είδα μέχρι τώρα;

ΑΛΕΞΑΝΔΡΟΣ :
Τι κάναμε;

ΗΡΑΚΛΗΣ :
Θα σου πω εγώ τι κάναμε! Πρώτα εγώ **σου είπα** για την **οικογένειά** μου!

εδώ πέρα
giusto qui

προσωράμε
andare avanti

έχω τα νεύρα μου
sono arrabbiato, ho i nervi

είσαι τσαντισμένος
essere irritato, essere arrabbiato

νέο
nuovo

σου είπα
te l'ha detto

οικογένεια

ΔΙΑΛΟΓΟΥ ΧΙΧ

γεννήθηκες
tu sei nato

Θήβα
Tebe

ημίθεος
semidio

Ευρυσθέα
Euristeo, re di Tirinto di Micene

ξάδερφος
cugino

φυσικά
naturalmente

τίποτα
niente

όνειρο
sogno

θυμάσαι
tu ricordi

Άδη
Κάτω Κόσμο
Inferno

κυνήγησες
hai inseguito

Κέρβερο

ΑΛΕΞΑΝΔΡΟΣ :

Ναι, ακριβώς. Εσύ μου είπες ότι ο πατέρας σου είναι ο Δίας, μητριά σου η Ήρα και μητέρα σου η Αλκμήνη. Είπες ότι **γεννήθηκες** στην **Θήβα**, αλλά είσαι μισός θεός, δηλαδή **ημίθεος**.

ΗΡΑΚΛΗΣ :

Ναι, αυτά σου είπα. Επίσης, σου είπα για τον **Ευρυσθέα**, ότι είναι **ξάδερφός** μου και βασιλιάς των Μυκηνών. Ο Ευρυσθέας, ο οποίος θέλει όλους αυτούς τους άθλους. Το κατάλαβες;

ΑΛΕΞΑΝΔΡΟΣ :

Εγώ; **Φυσικά** και το κατάλαβα! Λοιπόν, και γιατί έχεις νεύρα;

ΗΡΑΚΛΗΣ :

Γιατί έχω νεύρα; Γιατί κατάλαβες, αλλά μετά δεν κάναμε **τίποτα**! Μετά εγώ είδα ένα **όνειρο**! Το **θυμάσαι**;

ΑΛΕΞΑΝΔΡΟΣ :

Ναι, το θυμάμαι! Εσύ είδες ότι ήσουν στον **Άδη**, στον **Κάτω Κόσμο**. Είδες ότι **κυνήγησες** το τρομερό σκυλί, τον **Κέρβερο**. Είδες ότι πάλεψες με τα τρία κεφάλια του σκυλιού, στον ποταμό Αχέροντα, στις Πύλες του Άδη.

CAPITOLO 19

ΗΡΑΚΛΗΣ :

Ναι, πάλεψα με το τρομερό σκυλί, τον Κέρβερο, αλλά δεν τον σκότωσα. **Έδεσα** τα κεφάλια του με τα χέρια μου, **δυνατά**. Μετά είδα τον **Μελέαγρο** και αυτός μου είπε ότι η γυναίκα μου είναι η **Διηάνειρα**. Και μετά **ξύπνησα**. Και σου είπα "Πάμε στις Μυκήνες". Και εσύ, Αλέξανδρε, είπες "Πάμε!"

ΑΛΕΞΑΝΔΡΟΣ :

Ναι, εγώ έτσι ακριβώς είπα. Αλλά μετά πήγαμε στον Ευρυσθέα και αυτός δεν ήταν εκεί.

ΗΡΑΚΛΗΣ :

Όχι, εκεί ήταν ο Ευρυσθέας. Ήταν στις Μυκήνες. Αλλά αυτός, ο **βλάκας**, φοβήθηκε το λιοντάρι της Νεμέας. Αυτό το **νεκρό** λιοντάρι, ο Ευρυσθέας το φοβήθηκε για ζωντανό! Μπήκε μέσα σε ένα **πιθάρι** και δεν με πίστεψε ότι είναι λεοντή. Πίστεψε ότι είναι λιοντάρι ζωντανό!

ΑΛΕΞΑΝΔΡΟΣ :

Τελικά, στο **τέλος** ο Ευρυσθέας σε πίστεψε και είπε ότι έχεις πολλούς άθλους ακόμα.

ΗΡΑΚΛΗΣ :

Αυτό είπε. Εσύ μετά μου είπες τι κάνεις κάθε μέρα στη **ζωή** σου στην Αθήνα και μετά κάναμε το μεγάλο λάθος! **Περπατήσαμε**, αλλά περπατήσαμε προς την Αθήνα!

Έδεσα
legato
δυνατά
fortemente
Μελέαγρο
Meleagro, figlio di Oineo, re di Calidone
Διηάνειρα
Deianira, sorella di Meleagro, moglie di Ercole
ξύπνησα
svegliato
βλάκας
stolto

νεκρό

πιθάρι

τελικά
infine
τέλος
fine
ζωή
vita
περπατήσαμε
noi abbiamo camminato

ΔΙΑΛΟΓΟΥ XIX

ΑΛΕΞΑΝΔΡΟΣ :

Ναι, περπατήσαμε στην Αθήνα και πήγαμε στην Αγορά!

ΗΡΑΚΛΗΣ :

Για αυτό έχω τα νεύρα μου! Αγοράσαμε τόσα ρούχα και σανδάλια για σένα, μιλήσαμε με τον **οπωροπώλη**, αγοράσαμε **φρούτα** και μήλα και μετά είδαμε το φιλόσοφο! Τόσες ημέρες στην Αθήνα και ούτε ένας άθλος ακόμα! Τι θα κάνουμε, Αλέξανδρε; Τα νεύρα μου!

οπωροπώλη
fruttivendolo

φρούτα

κατ' αρχάς
iniziare con

ψυχραιμία
calmati

σιγά – σιγά
lentamente

βιαστικά
di fretta

ΑΛΕΞΑΝΔΡΟΣ :

Ηρακλή, **κατ' αρχάς ψυχραιμία**! Ήρεμα! Θα κάνουμε και άλλο άθλο, αλλά **σιγά - σιγά**. Όχι γρήγορα! Όχι **βιαστικά**!

ΗΡΑΚΛΗΣ :

Γιατί όχι βιαστικά; Εγώ είμαι ήρωας! Οι ήρωες κάνουν άθλους! Εγώ τι κάνω εδώ με εσένα; Εγώ κάνω **βόλτες** στην Αθήνα, μίλησα με τον μεγάλο Θησέα, αλλά δεν έκανα ούτε έναν άθλο! Τα νεύρα μου!

βόλτες
lunghe passeggiate

ΑΛΕΞΑΝΔΡΟΣ :

Ηρακλή! Όποιος βιάζεται, **σκοντάφτει**!

σκοντάφτει
inciampa

ΗΡΑΚΛΗΣ :

Δηλαδή;

CAPITOLO 19

ΑΛΕΞΑΝΔΡΟΣ :

Δηλαδή, όποιος **κάνει** πράγματα γρήγορα και βιαστικά, κάνει **λάθη**!

κάνει
fa

λάθη
errori

ΗΡΑΚΛΗΣ :

Και τι θα κάνουμε;

ΑΛΕΞΑΝΔΡΟΣ :

Θα κάνουμε έναν νέο άθλο, αλλά σιγά - σιγά. Άλλωστε, ξέρεις πώς **το λένε** αυτό το **βιβλίο**;

το λένε
è chiamato

βιβλίο

ΗΡΑΚΛΗΣ :

Ποιο βιβλίο; Πώς το λένε;

ΑΛΕΞΑΝΔΡΟΣ :

Το βιβλίο αυτό το λένε Slow Greek! Δηλαδή, **συνεχίζουμε** το **ταξίδι** μας, αλλά σιγά - σιγά και χωρίς νεύρα! Εντάξει.

συνεχίζουμε
continua

ταξίδι
viaggio

ΗΡΑΚΛΗΣ :

Εντάξει. Θα **μετρήσω** από το ένα μέχρι το **δέκα** και δεν θα έχω νεύρα. Πάμε….

μετρήσω
conto

δέκα
dieci

ΑΣΚΗΣΕΙΣ ΚΑΤΑΝΟΗΣΗΣ ΔΙΑΛΟΓΟΥ
ESERCIZI DI COMPRENSIONE

1. **Ο Ηρακλής είναι μισός θεός, δηλαδή ημίθεος, και έχει γονείς :**
   α) έναν θεό και μία θεά, τον Δία και την Αλκμήνη.
   β) έναν θεό και μία ημίθεα, τον Δία και την Αλκμήνη.
   γ) έναν θεό και μία θνητή, τον Δία και την Αλκμήνη.
   δ) τον μπαμπά του και την μαμά του.

2. **Ο Ευρυσθέας είναι:**
   α) αδερφός του Ηρακλή και βασιλιάς της Αθήνας.
   β) ξάδερφος του Ηρακλή και βασιλιάς των Μυκηνών.
   γ) θείος του Ηρακλή και βασιλιάς των Μυκηνών.
   δ) θείος του Αλέξανδρου και βασιλιάς των Μυκηνών.

3. **Η Διηάνειρα είναι:**
   α) αδερφή του Μελέαγρου και γυναίκα του Ηρακλή.
   β) θεία του Μελέαγρου και αδερφή του Ηρακλή.
   γ) αδερφή του Ευρυσθέα και γυναίκα του Μελέαγρου.
   δ) μητέρα του Ευρυσθέα και γυναίκα του Μελέαγρου.

4. **Ο Ευρυσθέας φοβήθηκε γιατί πίστεψε :**
   α) ότι βλέπει τον Ηρακλή.
   β) ότι βλέπει τον Δία.
   γ) ότι βλέπει μία λεοντή.
   δ) ότι βλέπει ένα ζωντανό λιοντάρι.

CAPITOLO 19

5. Ο Ηρακλής έχει νεύρα γιατί μαζί με τον Αλέξανδρο:

   α) αγόρασαν τόσα ρούχα και σανδάλια.

   β) περνάει η ώρα και δεν κάνουν άθλους όπως όλοι οι ήρωες.

   γ) είδανε τον φιλόσοφο.

   δ) είδανε τον Θησέα.

6. Ο Αλέξανδρος προτείνει στον Ηρακλή να συνεχίσουν με μικρότερη ταχύτητα, δηλαδή:

   α) γρήγορα και βιαστικά.

   β) γρήγορα αλλά όχι βιαστικά.

   γ) σιγά σιγά και με ψυχραιμία, χωρίς νεύρα, όχι γρήγορα.

   δ) γρήγορα και με νεύρα.

ΑΣΚΗΣΕΙΣ ΓΙΑ ΚΟΥΒΕΝΤΑ ΔΙΑΛΟΓΟΥ
ESERCIZI DI DISCUSSIONE

1. Μερικοί λένε "Βαριέμαι τα ίδια και τα ίδια". Στα λατινικά λέγεται "Repetitio est mater studiorum". Εσύ πιστεύεις στην επανάληψη ή είναι βαρετή; Γιατί;

2. Ο Ηρακλής έχει άγχος και νεύρα. Στην τραγωδία του Ευριπίδη Ηρακλής Μαινόμενος, ο Ηρακλής έχει μανία και διαπράττει φρικτό έγκλημα. Το άγχος, τα νεύρα είναι δύναμη παραγωγής ή καταστροφής για σένα;

3. Τι είναι πιο σημαντικό σε ένα έργο; Η ταχύτητα παράδοσης ή η ποιότητά του;

ΔΙΑΛΟΓΟΥ ΧΧ

20
Ο ΕΥΡΥΣΘΕΑΣ ΣΩΖΕΙ ΤΗΝ ΛΕΡΝΑ;

ΕΥΡΥΣΘΕΑΣ :
Ηρακλή, έλα εδώ!

ΗΡΑΚΛΗΣ :
Ναι, βασιλιά μου! **Σε ακούω**!

> **σε ακούω**
> ti sento

ΕΥΡΥΣΘΕΑΣ :
Εσύ λες ότι **τάχα** σκότωσες το λιοντάρι της Νεμέας, ναι;

> **τάχα**
> presumibilmente

ΑΛΕΞΑΝΔΡΟΣ :
Ω Βασιλιά, δεν το λέει **απλώς**. Στα αλήθεια, ο Ηρακλής σκότωσε το λιοντάρι της Νεμέας.

> **απλώς**
> semplicemente, solo

ΗΡΑΚΛΗΣ :
Αλήθεια, βασιλιά μου. Πήγα νωρίς το πρωί και το σκότωσα με τα δύο μου χέρια!

ΕΥΡΥΣΘΕΑΣ :
Δεν πιστεύω ότι το σκότωσες. Θέλω να **σκοτώνεις** και να το **βλέπω**!

> **σκοτώνεις**
> uccidere
>
> **βλέπω**
> stare a guardare

CAPITOLO 20

ΗΡΑΚΛΗΣ :
Μα, Βασιλιά μου, δεν βλέπεις αυτή εδώ τη λεοντή, αυτό το **δέρμα** από λιοντάρι, που **φοράω**; Από το λιοντάρι της Νεμέας είναι.

ΑΛΕΞΑΝΔΡΟΣ :
Αλήθεια, από το λιοντάρι της Νεμέας είναι, κύριε Βασιλιά Ευρυσθέα!

ΕΥΡΥΣΘΕΑΣ :
Δεν **πιστεύω** τίποτα! Αυτό μπορεί να είναι **άλλο** λιοντάρι! Πού **ξέρω** εγώ; Λοιπόν, θέλω να κάνεις άλλο άθλο τώρα! Με **ακούς**;

ΗΡΑΚΛΗΣ :
Σε ακούω, Βασιλιά μου.

ΕΥΡΥΣΘΕΑΣ :
Στην λίμνη **Λέρνα**, έχουνε μεγάλο πρόβλημα! Ένα μεγάλο τέρας, με εννιά κεφάλια φιδιού ζει εκεί. Μέσα στην λίμνη Λέρνα. Έξω από την λίμνη Λέρνα δεν μπορεί άνθρωπος να ζήσει. Είναι **επικίνδυνα**! Η **Λερναία Ύδρα φτύνει φωτιά** από τα εννιά της **στόματα** και σκοτώνει τους **ανθρώπους**. Η Λίμνη είναι ένα άχρηστο **έλος**, όλο νερό και **κουνούπια**. Δεν μπορεί κανείς να καλλιεργήσει τη γη.

δέρμα
pelle

φοράω
io indosso

πιστεύω
o credo

άλλο
altro

ξέρω
io so

ακούς

Λέρνα
Lerna, antica zona balneare

επικίνδυνα
pericoloso

Λερναία Ύδρα
Idra di Lerna, animale mitologico a nove teste

φτύνει
sputa

σκοτώνει
uccide

ανθρώπους
persone, gente

έλος
palude

φωτιά

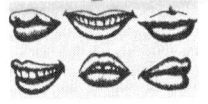
στόματα

κουνούπια

ΔΙΑΛΟΓΟΥ XX

να σκοτώσεις
uccidere

διώξεις
fare sparire

τέρας

γεωργία
agricoltura

τώρα έξω
ora fuori

μόνο
solo

παλέψω
combattere

ΗΡΑΚΛΗΣ :

Και εγώ τι θέλεις να κάνω, Βασιλιά μου;

ΕΥΡΥΣΘΕΑΣ :

Θέλω **να σκοτώσεις** την Λερναία Ύδρα! Θέλω εσύ να **διώξεις** όλο το νερό από το έλος και το **τέρας** να φύγει από τη Λίμνη Λέρνα! Θέλω εσύ να κάνεις τη γη καλή για τη **γεωργία**! **Τώρα έξω** από το παλάτι μου και **μόνο** όταν σκοτώσεις τη Λερναία Ύδρα θα είσαι πάλι εδώ! Γεια σου Ηρακλή και Αντίο!

ΗΡΑΚΛΗΣ :

Αντίο, Βασιλιά μου! Με όλη μου τη δύναμη θα **παλέψω** με το τέρας και θα γυρίσω μετά εδώ, στις Μυκήνες! Αλέξανδρε, φεύγουμε...

ΑΛΕΞΑΝΔΡΟΣ :

Ηρακλή, εύκολος είναι αυτός ο άθλος, νομίζω!

ΗΡΑΚΛΗΣ :

Και γιατί είναι εύκολος; Εγώ δεν φοβάμαι, δεν έχω καθόλου φόβο! Αλλά πιστεύω ότι είναι δύσκολο, ένα φίδι με εννιά κεφάλια να το σκοτώσεις.

φίδι

ΑΛΕΞΑΝΔΡΟΣ :

Ηρακλή, εσύ σκότωσες ολόκληρο Λιοντάρι της Νεμέας ! Σε ένα μικρό **φίδι**, σε ένα φιδάκι σαν τη Λερναία Ύδρα θα έχεις πρόβλημα;

CAPITOLO 20

ΗΡΑΚΛΗΣ :

Δεν θα έχω πρόβλημα! Αλλά εδώ ο Ευρυσθέας σου λέει ότι σκοτώνει όλους τους ανθρώπους αυτό το τέρας! Θα **πάρω βοηθό** μου τον **Ιόλαο**! Πάμε και του λέμε ότι θέλουμε **τη βοήθειά του**, εντάξει;

ΑΛΕΞΑΝΔΡΟΣ :

Εντάξει! Πάμε!

πάρω
prendere

βοηθό
aiutante

Ιόλαο
Iola, nipote di Ercole

τη βοήθειά του
il suo aiuto

ΔΙΑΛΟΓΟΥ XX

ΑΣΚΗΣΕΙΣ ΚΑΤΑΝΟΗΣΗΣ ΔΙΑΛΟΓΟΥ

ESERCIZI DI COMPRENSIONE

Άσκηση 1: Vero o falso? / Σωστό ή Λάθος;
Se c'è un errore nella frase, riscrivila correttamente.

Σ   Λ

1. Στην λίμνη Λέρνα, ζει ένα μεγάλο τέρας, ένα λιοντάρι επικίνδυνο. Αυτό το τέρας φτύνει φωτιά και σκοτώνει τους ανθρώπους. Η Λίμνη είναι μία όμορφη, εύφορη γη και όλοι την καλλιεργούν.

   Αν η πρόταση είναι λάθος, γράψε τη σωστά.

2. Ο Ηρακλής θα σκοτώσει την Λερναία Ύδρα, θα καθαρίσει το έλος και θα κάνει τη γη καλύτερη για τους ανθρώπους.

   Αν η πρόταση είναι λάθος, γράψε τη σωστά.

3. Ο Ιόλαος αποφασίζει ότι είναι δύσκολος άθλος η Λερναία Ύδρα και θα βοηθήσει τον Ευρυσθέα να την σκοτώσουν.

   Αν η πρόταση είναι λάθος, γράψε τη σωστά.

4. Ο Ηρακλής φοβάται την Λερναία Ύδρα επειδή είναι πιο δύσκολη από το Λιοντάρι της Νεμέας.

   Αν η πρόταση είναι λάθος, γράψε τη σωστά.

CAPITOLO 20

ΑΣΚΗΣΕΙΣ ΓΙΑ ΚΟΥΒΕΝΤΑ ΔΙΑΛΟΓΟΥ
ESERCIZI DI DISCUSSIONE

1. Μερικοί εξηγούν τον μύθο της Λερναίας Ύδρας με έργα αποξήρανσης του έλους της Λέρνας στην Αργολίδα. Τότε, το νερό ήταν πολύ, περισσότερο από όσο θέλανε. Σήμερα; Το νερό είναι λιγότερο; Ή είναι αρκετό κατά τη γνώμη σου;

2. Η Λερναία Ύδρα συμβολίζει κάτι. Το λιοντάρι της Νεμάς επίσης συμβολίζει κάτι άλλο. Τι ρόλο παίζουν τα σύμβολα στη ζωή σου σήμερα;

ΔΙΑΛΟΓΟΥ XXI

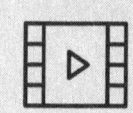

21

ΗΡΑΚΛΗΣ, ΔΙΗΑΝΕΙΡΑ ΚΑΙ ΑΛΕΞΑΝΔΡΟΣ ΣΤΗΝ ΤΑΒΕΡΝΑ

γνωρίσεις
incontrare

γυναίκα μου
μονομάχησα
ho combattuto
Κύκνο
Kyknos

μυαλό
σκέψη
pensiero
νικήσω
vincere
στρατηγική
strategia
άντρα μου
mio marito
καλέ
buon uomo

ΑΛΕΞΑΝΔΡΟΣ :

Ηρακλή, πού θα πάμε τώρα;

ΗΡΑΚΛΗΣ :

Θα σου πω. Πάμε να **γνωρίσεις** την **γυναίκα μου**, την Διηάνειρα. Όταν **μονομάχησα** με τον **Κύκνο**, η Διηάνειρα με βοήθησε.

ΑΛΕΞΑΝΔΡΟΣ :

Δηλαδή δεν ήταν αληθινή μονομαχία; Αφού σε βοήθησε, πολεμήσατε δύο εναντίον ενός!

ΗΡΑΚΛΗΣ :

Όχι, μονομαχία ήταν! Απλώς με βοήθησε στο **μυαλό**! Με βοήθησε να κάνω σωστή **σκέψη** και να **νικήσω** με **στρατηγική** τον Κύκνο! Κατάλαβες; Διηάνειρα, έ! Διηάνειρα, έλα εδώ!

ΔΙΗΑΝΕΙΡΑ :

Άντρα μου καλέ! Ηρακλή μου! Τι θέλεις;

CAPITOLO 21

ΗΡΑΚΛΗΣ :
Διηάνειρα, έλα να σου γνωρίσω τον φίλο μου, τον Αλέξανδρο! Αλέξανδρε, από εδώ, η γυναίκα μου, η Διηάνειρα! Διηάνειρα, από εδώ ο φίλος μου, ο Αλέξανδρος!

ΑΛΕΞΑΝΔΡΟΣ :
Κυρία Διηάνειρα, **χάρηκα**!

Κυρία
Signora

χάρηκα
felice / piacere di conoscerti

ΔΙΗΑΝΕΙΡΑ :
Χάρηκα πολύ κι εγώ, Αλέξανδρε! Τι κάνεις; Από πού είσαι;

ΑΛΕΞΑΝΔΡΟΣ :
Από εδώ είμαι, από την Αθήνα! Εδώ, με τον Ηρακλή, τον **βοηθώ** στους άθλους του. Θα έρθετε μαζί μας;

βοηθώ
aiuto

ΔΙΗΑΝΕΙΡΑ :
Ναι, θα έρθω. Αλλά Ηρακλή, πού θα πάμε;

πείνασα

ΗΡΑΚΛΗΣ :
Εγώ **πείνασα**! Έχω μια ιδέα! Τι λέτε; Πάμε σε μία **ταβέρνα** για φαγητό;

ταβέρνα
τελευταία
ultimo

ΑΛΕΞΑΝΔΡΟΣ :
Για φαγητό; Μα, Ηρακλή, **τελευταία φορά** φάγαμε στην Αρχαία Αγορά!

φορά
occasione

ΔΙΑΛΟΓΟΥ XXI

φτηνή
economico

πιάτα

ακριβά
costoso

Ποικίλη Στοά
La Stoà Pecile

ταράτσα
terrazza

αυλή
cortile

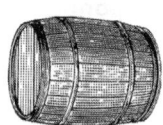

βαρέλια

σπιτικό
fatto in casa

θέα
vista

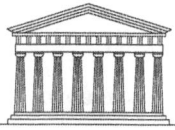

ναό

ηφαίστου

περπατάνε
loro camminano

ΗΡΑΚΛΗΣ :

Ακριβώς! Είναι μία ταβέρνα εδώ, πίσω από την αγορά, πολύ ωραία και **φτηνή**!

ΑΛΕΞΑΝΔΡΟΣ :

Φτηνή; Δηλαδή;

ΔΙΗΑΝΕΙΡΑ :

Δηλαδή τα **πιάτα** της δεν είναι **ακριβά**! Μου αρέσει αυτή η ταβέρνα! Την ταβέρνα "**Ποικίλη Στοά**" δεν λες, Ηρακλή;

ΗΡΑΚΛΗΣ :

Ναι, αυτή λέω! Την ταβέρνα που είναι στην **ταράτσα**, και κάτω έχει **αυλή**!

ΔΙΗΑΝΕΙΡΑ :

Μου αρέσει πολύ αυτή η ταβέρνα. Μ' αρέσει η αυλή της, μ' αρέσει η ταράτσα της, τα μεγάλα **βαρέλια** στην αυλή, το **σπιτικό** φαγητό της κουζίνας. Μ' αρέσει η **θέα** που έχει : βλέπεις όλη την Αρχαία Αγορά! Και το **ναό** του **Ηφαίστου**! Πάμε!

ΑΛΕΞΑΝΔΡΟΣ :

Πάμε, ναι!

Περπατάνε και φτάνουν στην ταβέρνα.

CAPITOLO 21

ΣΕΡΒΙΤΟΡΟΣ :

Καλησπέρα! Είστε **έτοιμοι** να **παραγγείλετε**;

ΗΡΑΚΛΗΣ :

Να παραγγείλουμε; Ε, ένα **λεπτό**. Καλή μου γυναίκα, ξέρουμε τι θέλουμε;

ΔΙΗΑΝΕΙΡΑ :

Να **διαβάσω** λίγο τον **Κατάλογο**; Εμ, το **μενού** παρακαλώ;

ΣΕΡΒΙΤΟΡΟΣ :

Ορίστε, **με την ησυχία σας**!

ΔΙΗΑΝΕΙΡΑ :

Για να δούμε… Λοιπόν, τι λες, Αλέξανδρε;

ΑΛΕΞΑΝΔΡΟΣ :

Τι θα πάρουμε από **ορεκτικά**;

ΗΡΑΚΛΗΣ :

Τζατζίκι **οπωσδήποτε**! Και λίγο **τυρί**! Φέτα ή **σαγανάκι**;

ΔΙΗΑΝΕΙΡΑ :

Και τα δύο! Λοιπόν, θα μας φέρετε μία **μερίδα** τζατζίκι, μία χωριάτικη **σαλάτα** με φέτα και ένα σαγανάκι. Μία μερίδα πατάτες και μία **κολοκυθάκια τηγανιτά**.

έτοιμοι
pronti

παραγγείλετε
ordine

λεπτό
minuto

διαβάσω

**ο Κατάλογος /
το μενού**
menù

**με την ησυχία
σας**
prenditi il tuo tempo

ορεκτικά
antipasti

οπωσδήποτε
senza dubbio

τυρί

σαγανάκι
saganaki, (formaggio kassri fritto)

μερίδα

κολοκυθάκια

τηγανιτά
fritto

ΔΙΑΛΟΓΟΥ XXI

ΣΕΡΒΙΤΟΡΟΣ :
Μάλιστα. Τι άλλο θα θέλατε;

ΔΙΗΑΝΕΙΡΑ :
Θα φάμε **κρέας** ή **ψάρι**;

ΑΛΕΞΑΝΔΡΟΣ :
Εγώ νομίζω ότι θέλω και λίγο ψάρι και λίγο κρέας!

γαύρο
acciuga

κεφτεδάκια
polpette fritte

παρακαλώ
per favore

ΗΡΑΚΛΗΣ :
Ναι, να πάρουμε λίγο από όλα! Μία μερίδα **γαύρο** και μία μερίδα **κεφτεδάκια παρακαλώ**!

ΔΙΗΑΝΕΙΡΑ :
Ηρακλή! Σιγά σιγά! Σαν πολλά δεν είναι;

λύκος

ΗΡΑΚΛΗΣ :
Καλή μου γυναίκα, πεινάω σαν **λύκος**! Θα τα φάω όλα! Τι θα **πιούμε**;

πιούμε

ΔΙΗΑΝΕΙΡΑ :
Εγώ θέλω νερό!

ΗΡΑΚΛΗΣ :
Εγώ θέλω κρασί! Εσύ μικρέ;

σαλάτα

κρέας

ψάρι

CAPITOLO 21

ΑΛΕΞΑΝΔΡΟΣ :

Εγώ θέλω κοκακόλα! Αλλά έχει κόκα κόλα;

ΗΡΑΚΛΗΣ :

Η κόκα κόλα κάνει κακό στο **στομάχι**! Είσαι **σίγουρος**;

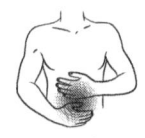

στομάχι
σίγουρος
certo, sicuro

ΔΙΗΑΝΕΙΡΑ :

Τι είναι κόκα κόλα;

ΑΛΕΞΑΝΔΡΟΣ :

Έχει δίκιο ο Ηρακλής. Θα πάρω και εγώ λίγο κρασί, αλλά με νερό.

ΣΕΡΒΙΤΟΡΟΣ :

Τι κρασί θέλετε παρακαλώ; **Λευκό** ή κόκκινο;

λευκό
bianco

ΗΡΑΚΛΗΣ :

Κόκκινο! Ένα κιλό!

άτομα
persone

ΔΙΗΑΝΕΙΡΑ :

Ένα κιλό για τρία **άτομα**; Ηρακλή είσαι καλά;

ΗΡΑΚΛΗΣ :

Δίκιο έχεις, γυναίκα. Μισό κιλό, λοιπόν, εντάξει;

αμέσως
immediata-
mente

ΣΕΡΒΙΤΟΡΟΣ :

Ευχαριστώ. Έρχομαι **αμέσως** με την παραγγελία σας!

ψωμί
καλή σας όρεξη
buon appetito

Ορίστε το **ψωμί** σας, **καλή σας όρεξη**!

ΔΙΑΛΟΓΟΥ XXI

ΑΣΚΗΣΕΙΣ ΚΑΤΑΝΟΗΣΗΣ ΔΙΑΛΟΓΟΥ
ESERCIZI DI COMPRENSIONE

1. **Η Διηάνειρα βοήθησε τον Ηρακλή στον άθλο με τον Κύκνο :**

    α) επειδή σκότωσε τον Κύκνο με τα χέρια της.

    β) επειδή έδειξε στον Ηρακλή τη στρατηγική σκέψη και τρόπο μάχης με τον Κύκνο.

    γ) επειδή μονομάχησε με τον Ηρακλή.

    δ) επειδή μονομάχησε με τον Ιόλαο και μπέρδεψε τον Κύκνο.

2. **Η "Ποικίλη Στοά" στον διάλογο είναι :**

    α) ένα κτήριο - τόπος διδασκαλίας του φιλοσόφου Ζήνωνα με διάσημες τοιχογραφίες.

    β) ταβέρνα σε μία αυλή.

    γ) ταβέρνα σε μία ταράτσα που έχει και αυλή.

    δ) τόπος διδασκαλίας των στωικών φιλοσόφων.

3. **Στην Διηάνειρα αρέσει πολύ η "Ποικίλη Στοά" επειδή**

    α) έχει τα μεγάλα βαρέλια στην αυλή, σπιτικό φαγητό και πανέμορφη θέα.

    β) έχει πολύ ήρεμους φιλοσόφους.

    γ) έχει πολύ καλό κρασί.

    δ) είναι φτηνή.

4. Ο Ηρακλής στον διάλογο :

   α) είναι χορτοφάγος, δεν θέλει κρέας και ψάρι, αλλά μόνο λαχανικά.

   β) είναι κρεατοφάγος, τρώει μόνο κρέας.

   γ) είναι παμφάγος, τρώει και κρέας και ψάρι και λαχανικά.

   δ) δεν πεινάει πολύ, άρα δεν τρώει.

5. Ο Αλέξανδρος πώς ζητάει το κρασί από τον σερβιτόρο;

   α) όπως μόνον οι δυνατοί κάνουν, σκέτο, πολύ και καθαρό κρασί, χωρίς νερό.

   β) όπως θέλει, δηλαδή λίγο κρασί με νερό.

   γ) σιγά σιγά και με την ησυχία του.

   δ) "Ένα κιλό κόκκινο!".

ΑΣΚΗΣΕΙΣ ΓΙΑ ΚΟΥΒΕΝΤΑ ΔΙΑΛΟΓΟΥ
ESERCIZI DI DISCUSSIONE

1. Τι φαγητά σου αρέσουν; Προτιμάς κουζίνες από διαφορετικές χώρες; Τι δίαιτα ακολουθείς; Οι πολλές επιλογές κουζίνας δίνουν ποικιλία ή δεν έχουν χαρακτήρα και κουλτούρα;

2. Σου αρέσει να μαγειρεύεις στο σπίτι; Ο σύγχρονος τρόπος ζωής δίνει χρόνο για αυτό;

3. «Μέτρον ἄριστον» και «ἡδονῆς κρατεῖν». Ισχύουν αυτά τα δύο ρητά και για το κρασί;

22
Ο ΗΡΑΚΛΗΣ ΣΩΖΕΙ ΤΗΝ ΛΕΡΝΑ

ευτυχώς
per fortuna

φώναξα
ho chiamato, gridato

άρμα

ΗΡΑΚΛΗΣ :

Ευτυχώς φώναξα τον ανηψιό μου, τον Ιόλαο σε αυτόν τον δύσκολο άθλο! Ιόλαε, ε, Ιόλαε! Άφησε το **άρμα** και έλα εδώ τώρα!

ΙΟΛΑΟΣ :

Ήρθα, θείε Ηρακλή. Εδώ είμαι. Τι θέλεις; Έδεσα τα άλογα σε ένα δέντρο.

ΑΛΕΞΑΝΔΡΟΣ :

Ηρακλή, πού είναι αυτό το τέρας, η Λερναία Ύδρα;

κρύβεται
si nasconde

φωλιά

βοήθεια
aiuto

ΗΡΑΚΛΗΣ :

Η Λερναία Ύδρα είναι μέσα στη λίμνη Λέρνα! Εκεί μέσα, κοντά στην πηγή. Η Λερναία Ύδρα **κρύβεται**, είναι μέσα στη **φωλιά** της. Θέλω τη **βοήθειά** σας. Εσύ, Αλέξανδρε, φέρε **ξύλα**. Τώρα!

ξύλα

ΑΛΕΞΑΝΔΡΟΣ :

Εντάξει, εγώ φέρνω ξύλα τώρα!

CAPITOLO 22

ΗΡΑΚΛΗΣ :

Εσύ, Ιόλαε, με τα ξύλα, **άναψε** μία **φωτιά**.

ΙΟΛΑΟΣ :

Μάλιστα, θείε. Ανάβω μία φωτιά με τα ξύλα τώρα. Και τι θα κάνουμε με τη φωτιά; Είναι **επικίνδυνη**!

ΗΡΑΚΛΗΣ :

Επειδή η Ύδρα κρύβεται μέσα στη φωλιά, έχω ένα **σχέδιο** : Θα ανάψουμε φωτιά και θα κάψουμε τα **βέλη** μου. Εγώ θα ρίξω με το **τόξο** τα βέλη στη φωλιά του τέρατος. Η Ύδρα δεν θα αντέξει τη φωτιά και θα βγει έξω. Όταν βγει έξω από τη φωλιά, βλέπουμε τι θα κάνουμε. Φέρε μου τα **πυρωμένα** βέλη τώρα!

ΙΟΛΑΟΣ :

Ορίστε, θείε : Τα βέλη με τη φωτιά στην άκρη, **όπως θέλεις**.

ΗΡΑΚΛΗΣ :

Ευχαριστώ, μικρέ. Ει- οπ, έι- οπ! Άντε, **μωρή παλιο-Ύδρα**, έλα έξω τώρα! Δεύρο έξω!

ΑΛΕΞΑΝΔΡΟΣ :

Δεν βλέπω τίποτα. Όλο **καπνούς** γέμισε το έλος! Τι **σκοτάδι** είναι αυτό! Και το τέρας δεν βγαίνει έξω!

άναψε
luce

φωτιά
επικίνδυνη
pericolosa
σχέδιο
piano

βέλη

τόξο
πυρωμένα
calcinato, arrostito
όπως θέλεις
come vuoi
μωρή παλιο-Ύδρα
cruenta vecchia Idra
καπνούς
fumo

σκοτάδι

ΔΙΑΛΟΓΟΥ XXII

στο χέρι του είναι;
è nella sua mano? (è una sua decisione?)

ΗΡΑΚΛΗΣ :

Περίμενε λίγο! **Στο χέρι του είναι;** Αφού δεν έχει χέρια! Έχει εννιά κεφάλια φιδιού και ένα από αυτά είναι αθάνατο, ξέρω. Λοιπόν, έλα μωρή Ύδρα! Έλα έξω!

δράκος

ΙΟΛΑΟΣ :

Να τη! Τη βλέπω! Πω πω πω! Τι μεγάλα κεφάλια είναι αυτά που έχει! Πω πω σα **δράκος** είναι!

ΗΡΑΚΛΗΣ :

Μη φοβάσαι, Ιόλαε!

ΙΟΛΑΟΣ :

Δεν φοβάμαι! Τι κάνουμε τώρα; Την ξυπνήσαμε και έρχεται προς τα εδώ!

ρόπαλο
δρεπάνι
falce

ΗΡΑΚΛΗΣ :

Τώρα κόβουμε τα κεφάλια της Ύδρας! Δώσε μου το **ρόπαλο** και το **δρεπάνι**!

ΙΟΛΑΟΣ :

Σου δίνω το ρόπαλο και το δρεπάνι. Ορίστε, θείε!

τυλίγει
involucro

κάβουρα

ΑΛΕΞΑΝΔΡΟΣ :

Εγώ τι να κάνω; Φοβάμαι! Ηρακλή, αυτή η παλιο-Ύδρα σου **τυλίγει** το ένα πόδι και βλέπω και έναν **κάβουρα** μεγάλο! Ο κάβουρας βγαίνει από τη λίμνη! Τι κάνουμε;

CAPITOLO 22

ΗΡΑΚΛΗΣ :

Με **θάρρος** και **δύναμη** παλεύουμε, άντρες!

θάρρος
coraggio

δύναμη

ΙΟΛΑΟΣ - ΑΛΕΞΑΝΔΡΟΣ :

Εμείς δεν είμαστε άνδρες, Ηρακλή. Είμαστε **παιδιά** εμείς! Ωχού! Τι κάνουμε τώρα;

παιδιά

ΗΡΑΚΛΗΣ :

Θα κόψω το κεφάλι αυτό εδώ! Χραπ....
(**ήχος** από δρεπάνι που **κόβει**)
Μα τον Δία! Φύτρωσαν δύο κεφάλια άλλα! Θα τα κόψω και αυτά! Χραπ....
(**ήχος** από δρεπάνι που **κόβει**)
Μα τον Δία και την Ήρα μαζί! **Φύτρωσαν** τέσσερα κεφάλια άλλα! Δεν κάνουμε **δουλειά** έτσι, ένα κεφάλι κόβω, δύο κεφάλια βγαίνουν! Ιόλαε, βοήθεια!

ήχος
suono di

κόβει
sta tagliando

φύτρωσαν
spuntarono

δουλειά
lavoro

ΙΟΛΑΟΣ :

Τι να κάνω θείε; Δεν ξέρω τι να κάνω!!!

θα καις
tu brucerai

ΗΡΑΚΛΗΣ :

Εγώ θα κόβω το κεφάλι και εσύ **θα καις** τη **ρίζα** στο **λαιμό** της Ύδρας με τη φωτιά! Έτσι δεν θα φυτρώνει άλλο κεφάλι! Κατάλαβες;

ρίζα
radice

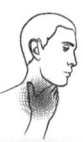

λαιμός

ΙΟΛΑΟΣ :

Κατάλαβα!
(Θόρυβος από δρεπάνι που κόβει και φωτιά που καίει - πολλές φορές, **φωνές** ανδρών)

φωνές
voci

ΔΙΑΛΟΓΟΥ ΧΧII

ΗΡΑΚΛΗΣ :

ουστ
va via

Ουστ κι εσύ παλιο-κάβουρα! Έι - όπ!
(Θόρυβος από δρεπάνι που κόβει και φωτιά που καίει - πολλές φορές, φωνές ανδρών)

ξεφυσάει
gonfia

πέθανε
morto

ΗΡΑΚΛΗΣ :

Το τέρας **ξεφυσάει**! **Πέθανε**! Ένα κεφάλι έμεινε!
Θα το κόψω (ΧΡΑΑΑΠ) και θα το **πετάξω μακριά**!
Τώρα δεν θα **ξανακολλήσει** ποτέ το κεφάλι στο σώμα της Ύδρας! Έι - οπ!
Ιόλαε, Αλέξανδρε, τελειώσαμε!

πετάξω μακριά
buttare via

ξανακολλήσει
incolla di nuovo

ΑΛΕΞΑΝΔΡΟΣ :

τελειώσαμε
noi abbiamo finito

Ουφ! Ευτυχώς **τελειώσαμε**! **Φοβήθηκα** πάρα πολύ!

φοβήθηκα
spaventato

ΙΟΛΑΟΣ :

Και εγώ πολύ φοβήθηκα! Πω πω τι τέρας ήταν αυτό!

ΗΡΑΚΛΗΣ :

νέα
notizie

Παιδιά, δεν ξέρω τι θα έκανα χωρίς εσάς! Πάμε πάλι στον Ευρυσθέα, έχουμε **νέα** να του πούμε! Πάμε!

ΙΟΛΑΟΣ - ΑΛΕΞΑΝΔΡΟΣ :

Πάμε, Ηρακλή!

CAPITOLO 22

ΑΣΚΗΣΕΙΣ ΚΑΤΑΝΟΗΣΗΣ ΔΙΑΛΟΓΟΥ

ESERCIZI DI COMPRENSIONE

Άσκηση 1: Vero o falso? / Σωστό ή Λάθος;
Se c'è un errore nella frase, riscrivila correttamente.

                                    Σ   Λ

1. Ο Ιόλαος είναι ανηψιός του Ηρακλή, δηλαδή ο Ηρακλής είναι θείος του. Ο Ιόλαος πρώτα δένει την Λερναία Ύδρα σε ένα δέντρο και μετά πολεμάει με τα άλογα.

   Αν η πρόταση είναι λάθος, γράψε τη σωστά.

2. Ο Ηρακλής θα σκοτώσει την Λερναία Ύδρα, έχει για αυτό ένα σχέδιο. Θα ανάψει φωτιά στη φωλιά με ένα δαυλό. Η φωτιά θα αρέσει στην Ύδρα και θα βγει έξω.

   Αν η πρόταση είναι λάθος, γράψε τη σωστά.

3. Ο Αλέξανδρος δεν βλέπει καλά στη λίμνη Λέρνα, επειδή είναι νύχτα και έχει πυκνό σκοτάδι.

   Αν η πρόταση είναι λάθος, γράψε τη σωστά.

4. Ο Ηρακλής κόβει δύο κεφάλια της Ύδρας και εκείνη πεθαίνει αμέσως.

   Αν η πρόταση είναι λάθος, γράψε τη σωστά.

ΔΙΑΛΟΓΟΥ ΧΧΙΙ

ΑΣΚΗΣΕΙΣ ΓΙΑ ΚΟΥΒΕΝΤΑ ΔΙΑΛΟΓΟΥ
ESERCIZI DI DISCUSSIONE

1. Ένας σκηνοθέτης (Ο Γούντι Άλλεν) λέει "Αν θέλεις να κάνεις το θεό να γελάσει, πες του για τα σχέδιά σου". Τι ρόλο παίζουν τα σχέδια στη ζωή σου σήμερα;

2. Ο Ηρακλής και ο Ιόλαος κόβουν ένα κεφάλι της Ύδρας και φυτρώνουν δύο. Σου συμβαίνει να λύνεις ένα πρόβλημα και να προκύπτουν δύο νέα; Τι κάνεις σε τέτοιες περιπτώσεις;

3. Τι είναι αθανασία για σένα;

CAPITOLO 23

23

ΑΡΤΟΝ ΚΑΙ ΘΕΑΜΑΤΑ

(ΣΤΗΝ ΤΑΒΕΡΝΑ)

ΑΛΕΞΑΝΔΡΟΣ :
Πω πω φάγαμε πολύ!

ΗΡΑΚΛΗΣ :
Ναι, αλλά όλα τα φαγητά ήταν πολύ νόστιμα!
Λοιπόν, τι θα κάνουμε τώρα; Θέλεις να πάμε
κάπου, καλή μου Διηάνειρα;

ΔΙΗΑΝΕΙΡΑ :
Ηρακλή μου, δεν ξέρω! Εσύ τι θέλεις;

ΑΛΕΞΑΝΔΡΟΣ :
Έχω μία ιδέα! Θέλετε να πάμε στον
κινηματογράφο;

κινηματογράφος

ΗΡΑΚΛΗΣ :
Τι είναι ο κινηματογράφος, Αλέξανδρε;

ΑΛΕΞΑΝΔΡΟΣ :
Ο κινηματογράφος είναι σαν το **θέατρο**, αλλά
βλέπεις τους ηθοποιούς σε μία μεγάλη **οθόνη**!

θέατρο
οθόνη
schermo

ΔΙΑΛΟΓΟΥ XXIII

ηθοποιούς
attori

τηλεόραση

φιλμ

τραγωδία
tragedia

εν Άστει
nella città

Διονύσια
Dionisie, celebrazioni dedicate al dio Dioniso

πρόβλημα
problema

έργο
lavoro

παίζουν
loro giocano

Ηρακλή Μαινόμενο
Ercole Furioso

ΗΡΑΚΛΗΣ :
Και είναι εκεί οι **ηθοποιοί**; Στην οθόνη μέσα;

ΑΛΕΞΑΝΔΡΟΣ :
Όχι, οι ηθοποιοί δεν είναι μέσα στην οθόνη! Ο κινηματογράφος είναι σαν την **τηλεόραση**, βλέπεις το **φιλμ**, όχι τους ανθρώπους.

ΔΙΗΑΝΕΙΡΑ :
Αλέξανδρε, δεν καταλαβαίνω τι είναι κινηματογράφος. Γιατί δεν πάμε στο θέατρο; Να πάμε να δούμε μία παράσταση! Μία καλή **τραγωδία**! Ξέρω ότι αυτές τις ημέρες είναι εορτή στην Αθήνα, τα **εν Άστει Διονύσια**! Πάμε εκεί, στο Θέατρο του Διονύσου; Τι λέτε;

ΗΡΑΚΛΗΣ :
Πολύ καλή ιδέα, γυναίκα μου! Αλλά υπάρχει ένα **πρόβλημα**.

ΔΙΗΑΝΕΙΡΑ :
Ποιο πρόβλημα;

ΗΡΑΚΛΗΣ :
Ποιο **έργο** είπες ότι **παίζουν** αυτές τις ημέρες;

ΔΙΗΑΝΕΙΡΑ :
Δεν είπα ποιο έργο παίζουν! Αλλά ξέρω! Παίζουν τον *Ηρακλή Μαινόμενο*, του Ευριπίδη.

CAPITOLO 23

ΗΡΑΚΛΗΣ :

Αυτό είναι το πρόβλημα, Διηάνειρά μου! Θα καταλάβουν όλοι ότι εγώ, ένας ημίθεος, είμαι μέσα στο θέατρο! Όταν δούνε την λεοντή μου, θα με καταλάβουν όλοι οι Αθηναίοι. Και δεν ξέρω τι θα γίνει! Θα είναι επικίνδυνο! Δεν νομίζω ότι είναι δυνατόν να πάμε. Δεν μπορώ να πάω στο θέατρο, Διηάνειρα. Δεν μπορώ να πάω έτσι, με αυτά τα ρούχα.

ΔΙΗΑΝΕΙΡΑ :

Α, **κανένα** πρόβλημα! Υπάρχει λύση!

κανένα
nessun
(problema)

ΑΛΕΞΑΝΔΡΟΣ :

Ποια είναι η **λύση**;

λύση
soluzione

ΔΙΗΑΝΕΙΡΑ :

Ηρακλή, εσύ θα φορέσεις τα ρούχα ενός **Αθηναίου εμπόρου**. Δεν θα φορέσεις τη λεοντή! Θα **φυλάξουμε** την λεοντή και θα την φορέσεις μετά την **παράσταση**. Έτσι, δεν θα καταλάβει κανένας ότι είσαι ο Ηρακλής!

Αθηναίου
Ateniese

εμπόρου
mercante

φυλάξουμε
tienilo

παράσταση
prestazione

ΗΡΑΚΛΗΣ :

Πολύ καλή ιδέα. Έτσι θα δω και εγώ τι έγραψε αυτός ο Ευριπίδης για μένα. Και δεν θα καταλάβει κανείς ότι ένας ημίθεος είναι μέσα στο θέατρο.

ΔΙΑΛΟΓΟΥ XXIII

ντυμένη
vestita

Μέντορας
Mentore, personaggio dell'Odissea. La dea Atena spesso prendeva le sue sembianze.

κόλπο
schema

αλλάξω
cambiamento

ΑΛΕΞΑΝΔΡΟΣ :

Μπράβο, Διηάνειρα! Πολύ καλή ιδέα! Άκουσα ότι και η Αθηνά όταν μιλάει στον Οδυσσέα δεν είναι **ντυμένη** Αθηνά. Είναι ντυμένη **Μέντορας**, και δεν καταλαβαίνει κανείς ότι είναι η Αθηνά. Μπράβο σου!

ΔΙΗΑΝΕΙΡΑ :

Λοιπόν, εντάξει. Φεύγουμε τώρα από την ταβέρνα; Πάμε κάπου αλλού να κάνουμε το **κόλπο** αυτό;

ΗΡΑΚΛΗΣ :

Ναι, πάμε! Θα αγοράσουμε ρούχα εμπόρου από την Αγορά και θα **αλλάξω** αυτά που φοράω ! Ωραία!

(ΦΕΥΓΟΥΝ ΑΠΟ ΤΗΝ ΤΑΒΕΡΝΑ)

ΑΣΚΗΣΕΙΣ ΚΑΤΑΝΟΗΣΗΣ ΔΙΑΛΟΓΟΥ

ESERCIZI DI COMPRENSIONE

1. Η Διηάνειρα με τον Ηρακλή θέλουν άρτο και θεάματα. Γι' αυτό :

   α) πηγαίνουν στον κινηματογράφο.

   β) πηγαίνουν στο θέατρο της Επιδαύρου.

   γ) πηγαίνουν στο θέατρο του Διονύσου.

   δ) πηγαίνουν σε μία ταβέρνα και μετά στο θέατρο του Διονύσου.

2. Ο Ηρακλής φοβάται να πάει στο θέατρο επειδή :

   α) παίζουν τον Ηρακλή Μαινόμενο.

   β) φοράει λεοντή και όλοι θα καταλάβουν ότι ένας ημίθεος είναι μέσα στο θέατρο.

   γ) έχει ακριβό εισιτήριο.

   δ) το έργο αργεί να αρχίσει.

3. Η Διηάνειρα έχει μία πολύ έξυπνη ιδέα:

   α) Ο Ηρακλής θα φορέσει τα ρούχα ενός Αθηναίου εμπόρου.

   β) Ο Ηρακλής δεν θα πάει στο θέατρο.

   γ) Ο Ηρακλής θα φορέσει τα ρούχα της Διηάνειρας.

   δ) Ο Ηρακλής θα παίξει στην τραγωδία.

4. Ο Αλέξανδρος θυμάται ότι στην Οδύσσεια :

   α) όταν ο Μέντορας μιλάει στον Οδυσσέα, είναι ντυμένος Αθηνά.

   β) όταν η Αθηνά μιλάει στον Οδυσσέα δεν είναι ντυμένη Αθηνά, είναι ντυμένη Μέντορας.

   γ) όταν η Αθηνά μιλάει, κανείς δεν καταλαβαίνει τι λέει.

   δ) όταν ο Μέντορας μιλάει, κανείς δεν καταλαβαίνει τι λέει.

ΑΣΚΗΣΕΙΣ ΓΙΑ ΚΟΥΒΕΝΤΑ ΔΙΑΛΟΓΟΥ

ESERCIZI DI DISCUSSIONE

1. Τι σου αρέσει περισσότερο; Το θέατρο ή ο κινηματογράφος; Γιατί;

2. Τι γνώμη έχεις για τις τηλεοπτικές σειρές; Είναι ισάξιες του καλού κινηματογράφου ή όχι; Γιατί;

3. Τι ρόλο παίζουν τα ρούχα και η ένδυση στη γνώμη που έχεις για έναν άνθρωπο; Γιατί;

ΔΙΑΛΟΓΟΥ XXIV

24

ΜΕΤΑ ΤΟ ΘΕΑΤΡΟ ;
ΧΑΝΓΚΟΒΕΡ

(ΜΕΤΑ ΤΟ ΘΕΑΤΡΟ)

ΑΛΕΞΑΝΔΡΟΣ :

Ηρακλή, σου άρεσε το **έργο**;

έργο	spettacolo

ΗΡΑΚΛΗΣ :

Όχι, δεν μου άρεσε καθόλου αυτό το έργο! Αυτός που το έγραψε…

ΑΛΕΞΑΝΔΡΟΣ :

Ο Ευριπίδης;

Μεγάρα
Megara, figlia del re di Tebe

ΗΡΑΚΛΗΣ :

Ναι, ο Ευριπίδης! Ο Ευριπίδης δεν έχει ιδέα για το πώς έγιναν τα πράγματα! Κατ' αρχάς, δεν σκότωσα εγώ τα παιδιά μου και τη γυναίκα μου τη **Μεγάρα**!

ΑΛΕΞΑΝΔΡΟΣ :

τρελάθηκες
sei diventato folle

μανία
mania

Αλλά τι έγινε; Ο Ευριπίδης λέει ότι εσύ **τρελάθηκες** και δεν έβλεπες καλά και τα σκότωσες μέσα στη **μανία** σου!

CAPITOLO 24

ΗΡΑΚΛΗΣ :

Εγώ τρελάθηκα; Τι λέει βρε Διηάνειρα αυτός; Τρελάθηκα εγώ; Με ξέρεις, είναι δυνατόν εγώ να τρελάθηκα;

ΔΙΗΑΝΕΙΡΑ :

Όχι, άντρα μου. Είναι αδύνατον!

ΗΡΑΚΛΗΣ :

Άκου, Αλέξανδρε. Εγώ πρώτα με **πόνεσε** το κεφάλι μου. Με πόνεσε το κεφάλι μου πάρα πολύ! Να, όπως τώρα... Πω πω πω, με πονάει το κεφάλι μου! Πολύ κρασί ήπια ρε!

πόνεσε
dolore, pena

ΔΙΗΑΝΕΙΡΑ :

Ηρακλή, έχεις **πονοκέφαλο**; Γιατί; Πόσο κρασί ήπιες εσύ, Ηρακλή;

πονοκέφαλο

ΗΡΑΚΛΗΣ :

Εγώ ήπια πολύ κρασί και λίγο νερό. Ο Αλέξανδρος ήπιε λίγο κρασί και πολύ νερό. Γι' αυτό τώρα δεν έχει πονοκέφαλο... Ουφ... Αλλά ένα - ένα τα πράγματα! Τότε, με την πρώτη μου γυναίκα, την Μεγάρα, είχα πονοκέφαλο! Ε, και τι να κάνω; Εγώ έπεσα κάτω και κοιμήθηκα, κοιμήθηκα βαριά, κοιμήθηκα έναν ύπνο βαθύ!

ΑΛΕΞΑΝΔΡΟΣ :

Και μετά; Τι έγινε μετά τον ύπνο;

ΔΙΑΛΟΓΟΥ XXIV

ξύπνησα

ήδη
già

είχαν σκοτωθεί
era stato ucciso

κάποιος
qualcuno

βλακείες
senza senso

χάλια
un casino

είμαι κομμάτια
sono a pezzi

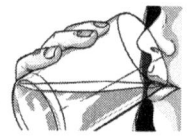

πιω

καλά / υγιής
buono / sano

**άρρωστος /
ασθενής**

γιατρό

Ασκληπιέ
Asclepio, il dio
della medicina

ΗΡΑΚΛΗΣ :

Μετά τον ύπνο, εγώ **ξύπνησα**...

ΑΛΕΞΑΝΔΡΟΣ :

Ωραία, εσύ ξύπνησες, και μετά τι έγινε;

ΗΡΑΚΛΗΣ :

Μετά είδα ότι η Μεγάρα και τα παιδιά μου **είχαν ήδη σκοτωθεί**! **Κάποιος** τα σκότωσε όταν εγώ κοιμόμουν, δεν ξέρω ποιος. Καταλαβαίνεις; Αυτό έγινε, Αλέξανδρε, όχι οι **βλακείες** που λέει ο Ευριπίδης στο θέατρο. Αυτά που λέει ο Ευριπίδης στο θέατρο είναι βλακείες και μεγάλα ψέματα. Δεν είναι έτσι η αλήθεια... Πω, δεν είμαι καλά τώρα....

ΔΙΗΑΝΕΙΡΑ :

Τι έχεις άντρα μου;

ΗΡΑΚΛΗΣ :

Σου λέω, είμαι **χάλια**, **είμαι κομμάτια**. Αν εγώ δεν **πιω** ένα φάρμακο, δεν θα γίνω **καλά**! Πονάει το κεφάλι μου από το κρασί.

ΔΙΗΑΝΕΙΡΑ :

Καταλαβαίνω, αν εσύ δεν πιεις ένα φάρμακο, δεν θα γίνεις καλά. Τώρα είσαι δεν είσαι **υγιής**, είσαι **άρρωστος**, είσαι **ασθενής** από το κρασί.

ΗΡΑΚΛΗΣ :

Δεν μπορώ, θέλω έναν **γιατρό** εδώ και τώρα! Ω **Ασκληπιέ**, πού είσαι;

CAPITOLO 24

ΑΛΕΞΑΝΔΡΟΣ :

Ηρακλή, ο Ασκληπιός είναι στην **Επίδαυρο**. Αν πάμε στην Επίδαυρο, θα γίνεις καλά. Αν δεν πάμε, θα είσαι άρρωστος για πολλές **ημέρες**. Τι θα κάνουμε;

ΗΡΑΚΛΗΣ :

Εγώ λέω να πάμε στην Επίδαυρο. Αυτοί οι Αθηναίοι πίνουν πολύ κρασί. Αμάν πια! Εγώ δεν είμαι από την Αθήνα, δεν ξέρω να πίνω τόσο πολύ κρασί μέσα στο θέατρο. Πφφφφ, το κεφάλι μου πάει να **σπάσει**!

Διηάνειρα : Εγώ , Ηρακλή μου, πιστεύω ότι υπάρχει **θεραπεία** για τον πονοκέφαλό σου!

ΗΡΑΚΛΗΣ :

Υπάρχει θεραπεία για το πρόβλημά μου; Ποια είναι αυτή η θεραπεία;

ΔΙΗΑΝΕΙΡΑ :

Εγώ δεν ξέρω! Νομίζω ότι πρέπει να πάμε στο **Εγκοιμητήριο** στην Επίδαυρο, στο Ιερό του Ασκληπιού.

ΑΛΕΞΑΝΔΡΟΣ :

Ηρακλή, πρέπει να σε δει κάποιος γιατρός!

ΗΡΑΚΛΗΣ :

Γιατρός; Δηλαδή;

Επίδαυρο
Epidauro, un'antica area dove il dio Asclepio veniva adorato

ημέρες
giorni

σπάσει
rompere

θεραπεία
terapia, cura

Εγκοιμητήριο
Un luogo nei santuari di Asclepio o in altri centri di guarigione religiosa dell'antichità, dove i pazienti venivano ipnotizzati, probabilmente sotto l'effetto di sostanze allucinogene. Durante il sonno, i pazienti avevano visioni profetiche che rivelavano il loro trattamento.

ΔΙΑΛΟΓΟΥ XXIV

θεραπευτής
curatore, terapista

Νοσοκομείο
ospedale

κτήριο

Ιερό του Ασκληπιού
Santuario di Asclepio

λουτρά
bagni, terme

μπάνιο

ας δώσει ο θεός
possa dio "dare" / possa dio aiutare

ΑΛΕΞΑΝΔΡΟΣ :

Δηλαδή κάποιος που θα σε κάνει καλά, ένας **θεραπευτής**! Πάμε στο **Νοσοκομείο**;

ΗΡΑΚΛΗΣ :

Τι είναι το νοσοκομείο;

ΑΛΕΞΑΝΔΡΟΣ :

Το νοσοκομείο είναι ένα μεγάλο **κτήριο** και μέσα έχει γιατρούς. Εκεί, στο νοσοκομείο, πας άρρωστος και φεύγεις υγιής. Πηγαίνεις με πονοκέφαλο και όταν φεύγεις είσαι καλά, δεν έχεις πονοκέφαλο.

ΔΙΗΑΝΕΙΡΑ :

Αχ, Αλέξανδρε! Λάθος κάνεις. Δεν το λένε νοσοκομείο αυτό! **Ιερό του Ασκληπιού** το λένε! Έχει και λουτρά!

ΑΛΕΞΑΝΔΡΟΣ :

Τι **λουτρά**; Έχει **μπάνιο**;

ΔΙΗΑΝΕΙΡΑ :

Δεν έχουμε χρόνο για κουβέντες. Ηρακλή, φεύγουμε για την Επίδαυρο;

ΗΡΑΚΛΗΣ :

Εγώ δεν μπορώ να πω πολλά! Ναι, φεύγουμε για το Ιερό του Ασκληπιού! Και **ας δώσει ο θεός** να γίνω καλά! Πάμε!

ΑΣΚΗΣΕΙΣ ΚΑΤΑΝΟΗΣΗΣ ΔΙΑΛΟΓΟΥ

ESERCIZI DI COMPRENSIONE

Άσκηση 1: Vero o falso? / Σωστό ή Λάθος;
Se c'è un errore nella frase, riscrivila correttamente.

Σ   Λ

1. Ο Ευριπίδης σκότωσε τα παιδιά του Ηρακλή και τη γυναίκα του, τη Μεγάρα, επειδή τρελάθηκε και δεν έβλεπε μέσα στη μανία του. _____

   Αν η πρόταση είναι λάθος, γράψε τη σωστά.

2. Ο Αλέξανδρος έχει πονοκέφαλο, επειδή ήπιε πολύ κρασί και λίγο νερό. Ο Ηρακλής είναι μια χαρά, δεν έχει πονοκέφαλο, γιατί δεν ήπιε καθόλου κρασί. _____

   Αν η πρόταση είναι λάθος, γράψε τη σωστά.

3. Οι ιστορίες που γράφει ο Ευριπίδης στις τραγωδίες του είναι η αλήθεια του κάθε μύθου. Μερικοί λένε ότι είναι βλακείες και μεγάλα ψέματα αυτά που γράφει ο Ευριπίδης στο θέατρο. Αλλά ο αυθεντικός μύθος είναι αυτός του Ευριπίδη. _____

   Αν η πρόταση είναι λάθος, γράψε τη σωστά.

ΔΙΑΛΟΓΟΥ XXIV

4. Το νοσοκομείο είναι ένα μεγάλο κτήριο όπου πας υγιής και φεύγεις άρρωστος. Εκεί μέσα έχει γιατρούς. Στην Ελλάδα στο νοσοκομείο δεν πληρώνεις, είναι για όλους δωρεάν. Στην Αμερική πηγαίνεις στο νοσοκομείο για να πεθάνεις.   Σ   Λ

Αν η πρόταση είναι λάθος, γράψε τη σωστά.

ΑΣΚΗΣΕΙΣ ΓΙΑ ΚΟΥΒΕΝΤΑ ΔΙΑΛΟΓΟΥ
ESERCIZI DI DISCUSSIONE

1. Ποια η γνώμη σου για την ποτοαπαγόρευση; Είναι αποτελεσματική; Πώς τηρείται το μέτρο αλλιώς;

2. Γνωρίζεις την έκφραση "ξεροσφύρι"; Συμφωνείς ότι το αλκοόλ είναι πιο ευχάριστο όταν συνοδεύει μεζέδες ή όχι;

3. Πόσο συχνά πηγαίνεις στο γιατρό; Ψάχνεις συμπτώματα στο ίντερνετ ή όχι; Τι γνώμη έχεις για την υγεία; Είναι δημόσιο αγαθό ή ιδιωτική πολυτέλεια; Γιατί;

25

Ο ΓΙΑΤΡΟΣ ΘΕΡΑΠΕΥΕΙ - ΚΑΙ ΤΟ ΝΕΡΟ

ΑΛΕΞΑΝΔΡΟΣ :
Εδώ είμαστε! Αυτή είναι η Επίδαυρος! Βλέπεις το θέατρο;

ΗΡΑΚΛΗΣ :
Όχι άλλο θέατρο!!! Το κεφάλι μου! Φέρε μου τώρα έναν να με κάνει καλά! Φέρε μου τώρα έναν να με θεραπεύσει!

ΙΕΡΕΑΣ - ΙΑΤΡΟΣ :
Καλησπέρα σας! Μπορώ να σας βοηθήσω;

ΔΙΗΑΝΕΙΡΑ :
Ναι, γεια σας! Ήρθαμε για τον άντρα μου, τον Ηρακλή! Είναι ημίθεος, αλλά έχει έναν **τρομερό** πονοκέφαλο!

τρομερό
terribile

ΗΡΑΚΛΗΣ :
Γιατρέ, δεν είμαι καλά! Το κεφάλι μου πάει να σπάσει.

ΔΙΑΛΟΓΟΥ XXV

μήπως
forse

περίεργο
strano

τελευταίες
quest'ultimo, ultimo

γιορτή
festività

χειρότερο
peggio

έπαθα
sofferto

περίπτωση
caso

χάνγκοβερ
postumi di una sbornia

Νοσοκόμα
Infermiere

θερμόμετρο

θερμοκρασία
temperatura

πυρετό

ζεσταίνομαι
sentire caldo

ΙΕΡΕΑΣ - ΙΑΤΡΟΣ :

Μάλιστα, καταλαβαίνω. **Μήπως** κύριε κάνατε κάτι **περίεργο** τις **τελευταίες** ημέρες;

ΗΡΑΚΛΗΣ :

Εγώ; Εγώ δεν έκανα κάτι περίεργο. Εμ, κοίταξε, γιατρέ μου. Χθες στην Αθήνα είχανε τα Διονύσια. Μεγάλη **γιορτή**, πήγαμε στο θέατρο, είδαμε και μία παράσταση. Το έργο ήταν κακό. Αλλά το κρασί ήταν πιο κακό! Το κρασί ήταν **χειρότερο**! Αυτό έκανα : ήπια πολύ κρασί και μετά **έπαθα** αυτόν τον πονοκέφαλο.

ΙΕΡΕΑΣ - ΙΑΤΡΟΣ :

Μάλιστα. Κλασική **περίπτωση χάνγκοβερ**. **Νοσοκόμα**, δώσε μου σε παρακαλώ ένα **θερμόμετρο**.

ΝΟΣΟΚΟΜΑ :

Ορίστε, γιατρέ. Το θερμόμετρό σας.

ΙΕΡΕΑΣ - ΙΑΤΡΟΣ :

Για να δούμε. Τι **θερμοκρασία** έχεις κύριε Ηρακλή; Μήπως έχεις **πυρετό**;

ΗΡΑΚΛΗΣ :

Δεν έχω πυρετό! Δεν **ζεσταίνομαι**. Το κεφάλι μου πονάει!

CAPITOLO 25

ΑΛΕΞΑΝΔΡΟΣ :
Γιατρέ, ο Ηρακλής...

ΙΕΡΕΑΣ - ΙΑΤΡΟΣ :
Ιερέας του Ασκληπιού, παρακαλώ! Όχι ιατρός! Ιατρός είναι μόνον ο θεός Ασκληπιός!!!

Ιερέας του Ασκληπιού
Sacerdote di Asclepio

ΑΛΕΞΑΝΔΡΟΣ :
Μάλιστα, κύριε Ιερέα, ο Ηρακλής δεν ήπιε νερό. Ήπιε μόνον κρασί. Πιστεύω ότι για αυτό έχει πονοκέφαλο σήμερα.

ΙΕΡΕΑΣ - ΙΑΤΡΟΣ :
Μπορώ εγώ να πάρω το **ιστορικό** παρακαλώ; Εγώ τη **δουλειά** μου, εσύ τη δουλειά σου, μικρέ! Κύριε Ηρακλή, πες μου, σε παρακαλώ. Τι **έφαγες χθες;**

ιστορικό
storia (del paziente)

δουλειά
lavoro

έφαγες
hai mangiato

χθες
ieri

ΗΡΑΚΛΗΣ :
Εγώ χθες δεν έφαγα τίποτε. Ήπια μόνον, ήπια πολύ κρασί. Λέει την αλήθεια ο μικρός.

ΙΕΡΕΑΣ - ΙΑΤΡΟΣ :
Μάλιστα, μάλιστα. Καταλαβαίνω. Έχετε **πάθει αφυδάτωση**. Θα πιείτε **νερό**, πολύ πολύ νερό και θα πάτε για ύπνο.

πάθει
avere sofferto

αφυδάτωση
disidratazione

νερό

ΗΡΑΚΛΗΣ :
Εγώ; Εγώ θα πάω για ύπνο; Μα εγώ είμαι ημίθεος! Δεν κοιμάμαι εγώ!

ΔΙΑΛΟΓΟΥ XXV

ΙΕΡΕΑΣ - ΙΑΤΡΟΣ :

Όχι, κύριε Ηρακλή. Αυτό που σου λέω εγώ. Πήγαινε τώρα για ύπνο, στο Εγκοιμητήριο. Στο όνειρο ίσως έρθει ο Ασκληπιός και σου πει τι πρέπει να κάνεις. Ύπνο τώρα!

ΗΡΑΚΛΗΣ :

Δεν μπορώ να κάνω και πολλά άλλα. Αφού το λέει ο θεός Ασκληπιός, αυτό θα κάνω. Θα πάω για ύπνο. Εσείς, Διηάνειρα και Αλέξανδρε, πηγαίνετε μία βόλτα και τα λέμε πάλι όταν ξυπνήσω. Καληνύχτα σας.

όνειρα
sogni

γλυκά
dolce

ύπνο

ξεκούραση
riposo

ξημέρωμα
alba

ΔΙΗΑΝΕΙΡΑ :

Καληνύχτα, Ηρακλή μου. **Όνειρα γλυκά!**

ΑΛΕΞΑΝΔΡΟΣ :

Καλόν **ύπνο**, Ηρακλή. Καλή **ξεκούραση** και καλό σου **ξημέρωμα!**

CAPITOLO 25

ΑΣΚΗΣΕΙΣ ΚΑΤΑΝΟΗΣΗΣ ΔΙΑΛΟΓΟΥ
ESERCIZI DI COMPRENSIONE

1. Ο Ηρακλής έχει πονοκέφαλο επειδή :

   α) είδε ένα πολύ κακό έργο του Ευριπίδη στο θέατρο.

   β) ήπιε πολύ νερό στο θέατρο και έπαθε ενυδάτωση.

   γ) ήπιε πολύ κρασί και κακό κρασί στο θέατρο και έπαθε αφυδάτωση.

   δ) είδε ένα κακό όνειρο στον ύπνο του.

2. Ο Ιερέας του Ασκληπιού ζητάει ένα θερμόμετρο επειδή θέλει να μάθει

   α) πόσο ήπιε ο Ηρακλής.

   β) πόσο θερμοκρασία έχει ο Ηρακλής.

   γ) πόσο θερμοκρασία έχει το κρασί.

   δ) πόσο θερμοκρασία έχει η ατμόσφαιρα.

3. Ο Ηρακλής στον διάλογο :

   α) επειδή είναι ημίθεος, δεν θέλει ύπνο.

   β) επειδή είναι ημίθεος, δεν κοιμάται.

   γ) αν και είναι ημίθεος, θέλει ύπνο.

   δ) αν και είναι ημίθεος, δεν θέλει ύπνο.

4. Στην Επίδαυρο τον Ηρακλή θεραπεύει :

   α) ένας ιερέας.

   β) ένας ιατρός και ιερέας.

   γ) το πολύ νερό.

   δ) το πολύ κρασί.

ΔΙΑΛΟΓΟΥ XXV

ΑΣΚΗΣΕΙΣ ΓΙΑ ΚΟΥΒΕΝΤΑ ΔΙΑΛΟΓΟΥ
ESERCIZI DI DISCUSSIONE

1. Πόσες φορές βρήκες λύση τον ύπνο σου για κάποιο πρόβλημα;

2. Πιστεύεις στα όνειρα; Πιστεύεις στην ψυχαναλυτική ερμηνεία των ονείρων; Ή είναι απλή φαντασία για σένα; Γιατί;

3. Πώς συνηθίζεις να γιορτάζεις; Κάθε πότε;

CAPITOLO 26

26

Ο ΗΡΑΚΛΗΣ ΣΥΝΕΡΧΕΤΑΙ

ΔΙΗΑΝΕΙΡΑ :

Ηρακλάκοοοο! Ηρακλή! Καλημέρα! Ξύπνα, ξύπνα βρε Ηρακλή! Έχει **ξημερώσει**!

ξημερώσει

ΗΡΑΚΛΗΣ :

Πωωωω, ξημέρωσε ήδη; Είναι ήδη πρωί; Αααααχ!

ήχους ξυπνήματος
suoni del risveglio

*(Ο Ηρακλής κάνει **ήχους ξυπνήματος** και τεντώνεται)*

ΔΙΗΑΝΕΙΡΑ :

Ναι, ξημέρωσε!

τεντώνεται

σχεδόν
quasi

ΑΛΕΞΑΝΔΡΟΣ :

Είναι **σχεδόν μεσημέρι** Ηρακλή! Ξέρεις πόσες **ώρες** κοιμάσαι;

ΗΡΑΚΛΗΣ :

Είναι μεσημέρι; Πω πω πω, μα τον Δία! Πόσες ώρες κοιμάμαι εγώ;

μεσημέρι
ώρες
ore

ΔΙΑΛΟΓΟΥ XXVI

από da	
πριν prima	
στην μέση nel mezzo	
περίπου intorno	
ωρέ urrà	
βαριά pesantemente, profondamente	
καλύτερα meglio	
ελαφρύ poco grasso	
φυσικά naturalmente / certo	

ΔΙΗΑΝΕΙΡΑ :
Από χθες το απόγευμα! Λίγο **πριν** πέσει ο ήλιος, εσύ κοιμήθηκες. Και τώρα ο ήλιος είναι σχεδόν **στην μέση** του ουρανού, άρα είναι **περίπου** μεσημέρι!

ΗΡΑΚΛΗΣ :
Ωρέ μπράβο μου! Κοιμήθηκα **βαριά**...

ΔΙΗΑΝΕΙΡΑ :
Πώς είσαι τώρα Ηρακλή μου; Είσαι **καλύτερα** από χθες;

ΗΡΑΚΛΗΣ :
Τώρα είμαι καλύτερα από χθες. Ναι. Αισθάνομαι το κεφάλι μου **ελαφρύ**. Τώρα εγώ δεν πονάω, χθες εγώ πονούσα όλη την ημέρα πάρα πολύ.

ΑΛΕΞΑΝΔΡΟΣ :
Ηρακλή, ξέρεις γιατί πονούσες εσύ χθες; Κατάλαβες γιατί πονούσες στο κεφάλι;

ΗΡΑΚΛΗΣ :
Φυσικά και κατάλαβα, Αλέξανδρε! Χθες εγώ πονούσα γιατί ήπια πολύ κρασί. Σήμερα δεν πονάω στο κεφάλι, γιατί ήπια πολύ νερό και κοιμήθηκα.

ΔΙΗΑΝΕΙΡΑ :
Είδες κανένα καλό όνειρο, Ηρακλή μου;

CAPITOLO 26

ΗΡΑΚΛΗΣ :
Ναι, είδα! Είδα τον Ασκληπιό στο όνειρό μου!

ΑΛΕΞΑΝΔΡΟΣ :
Σοβαρά; Εσύ είδες τον Ασκληπιό; Και τι σου είπε αυτός;

σοβαρά
seriamente

ΗΡΑΚΛΗΣ :
Ο θεός Ασκληπιός μου είπε "Ηρακλή, εσύ πίνε λιγότερο κρασί! Εσύ πίνε περισσότερο νερό! Και όταν θα είσαι καλά, πήγαινε και κάνε τον άθλο που σου ζήτησε ο Ευρυσθέας. Πήγαινε και φέρε τον Ερυμάνθιο Κάπρο! Τον Κάπρο από τον Ερύμανθο!"
Αυτά μου είπε ο Ασκληπιός και μετά έφυγε.

ΑΛΕΞΑΝΔΡΟΣ :
Μπράβο σου, Ηρακλή! Εσύ είσαι πολύ **τυχερός** που είδες ολόκληρο θεό στον ύπνο σου!

τυχερός
fortunato

συγγενείς
parenti

ίδια
stesso

ΗΡΑΚΛΗΣ :
Αλέξανδρε! Σιγά! Μην ξεχνάς ότι εγώ είμαι ημίθεος! Δηλαδή, εγώ και ο Ασκληπιός είμαστε **συγγενείς**, είμαστε από την **ίδια οικογένεια**!

οικογένεια

ΑΛΕΞΑΝΔΡΟΣ :
Δίκιο έχεις, Ηρακλή. Και τώρα; Τι θα κάνουμε τώρα;

δίκιο
giusto, corretto

ΔΙΑΛΟΓΟΥ XXVI

ΗΡΑΚΛΗΣ :

Εγώ λέω να φύγουμε. Λέω να ξεκινήσουμε για τον Ερυμάνθιο Κάπρο! Με αυτά και με αυτά, με το Εγκοιμητήριο και την Επίδαυρο **έχουμε καθυστερήσει**. Έχουμε **αργήσει** πολύ! Πρέπει να φύγουμε, **πρέπει** να πάμε να κάνουμε τον επόμενο άθλο μου! Εσείς είστε **έτοιμοι**;

έχουμε καθυστερήσει
siamo in ritardo

αργήσει
è tardi

πρέπει
dovere

έτοιμοι
pronto

ΔΙΗΑΝΕΙΡΑ :

Εγώ είμαι έτοιμη, Ηρακλή μου!

ΑΛΕΞΑΝΔΡΟΣ :

Και εγώ έτοιμος είμαι! Πάμε!

ωραία
bene

εμπρός
avanti, andiamo

ΗΡΑΚΛΗΣ :

Ωραία! Εμπρός για το **βουνό** Ερύμανθος φίλοι μου! Φεύγουμε!

βουνό

ΑΣΚΗΣΕΙΣ ΚΑΤΑΝΟΗΣΗΣ ΔΙΑΛΟΓΟΥ

ESERCIZI DI COMPRENSIONE

1. Τώρα είναι μεσημέρι. Ο Ηρακλής κοιμάται από χθες το απόγευμα. Άρα :

    α) Ο Ηρακλής κοιμάται δύο ημέρες τώρα.

    β) Ο Ηρακλής κοιμάται ήδη μια ημέρα και μερικές ώρες.

    γ) Ο Ηρακλής κοιμάται τρεις ημέρες τώρα.

    δ) Ο Ηρακλής κοιμάται ήδη δύο ημερες και μερικές ώρες.

2. Τελικά ο Ηρακλής έπαθε πονοκέφαλο επειδή:

    α) είδε πολλές ώρες τηλεόραση.

    β) είδε πολλές ώρες θέατρο.

    γ) ήπιε πολύ κρασί.

    δ) ήπιε πολύ νερό.

3. Ο θεός Ασκληπιός στον διάλογο θεραπεύει τον Ηρακλή όπως οι άλλοι θεοί, η Παναγία αλλά και ο θεός Kumugwe των Γηγενών Αμερικάνων, και η Ιξέλ των Μάγια. Ποιο είναι το μαγικό φίλτρο του Ασκληπιού;

    α) ένα ειδικό φάρμακο, από βότανα.

    β) ένα μαγικό φάρμακο, μείξη πολλών φαρμάκων.

    γ) περισσότερο νερό.

    δ) περισσότερο κρασί.

4. Στο τέλος του διαλόγου οι ήρωες φεύγουν για :

   α) τις Μυκήνες.

   β) το βουνό Ερύμανθος, εκεί είναι ο Ερυμάνθιος Κάπρος.

   γ) το βουνό Κάπρος, εκεί είναι ο Ερυμάνθιος Κάπρος.

   δ) την Επίδαυρο.

ΑΣΚΗΣΕΙΣ ΓΙΑ ΚΟΥΒΕΝΤΑ ΔΙΑΛΟΓΟΥ
ESERCIZI DI DISCUSSIONE

1. Μια πολύ διαδεδομένη πρακτική είναι εκείνη των μέντιουμ (psychic) που προβλέπουν το μέλλον ή και το αλλάζουν. Τι γνώμη έχεις εσύ για την παραψυχολογία και τα μεταφυσικά / ανεξήγητα φαινόμενα;

2. Πολλοί λένε ότι ο ηλεκτρισμός, ο θόρυβος και τα φώτα καταστρέφουν την υγεία του ύπνου για τον άνθρωπο. Ο σύγχρονος τρόπος ζωής δίνει χρόνο για σωστό ύπνο κατά τη γνώμη σου;

CAPITOLO 27

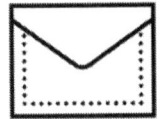 

27

ΤΟ ΓΡΑΜΜΑ ΤΗΣ ΚΑΡΥΑΤΙΔΑΣ ΑΠΟ ΤΗΝ ΠΡΟΣΦΥΓΙΑ

Ο Ηρακλής συζητάει με τη Διηάνειρα για τον Ερυμάνθιο Κάπρο και τον Κέρβερο.

ΔΙΗΑΝΕΙΡΑ :

Ηρακλή μου εσύ! Ηρακλάρα μου! Τι **μπράτσα** είναι αυτά! Τι δύναμη! Πες μου, πώς τα κατάφερες με αυτό το **τρικέφαλο σκυλί**, τον **άγριο Κέρβερο**;

ΗΡΑΚΛΗΣ :

Τελικά ο **αδερφός** σου ο Μελέαγρος είχε δίκιο. Είσαι μια κούκλα! Θα είσαι η γυναίκα μου, εντάξει; **Θα παντρευτούμε. Θα κάνουμε παιδιά.** Θέλεις να παντρευτούμε;

μπράτσα
τρικέφαλο
a tre teste

σκυλί
άγριο
selvaggio, feroce
τελικά
finalmente, infine
αδερφός
fratello
θα παντρευτούμε
ci sposeremo
θα κάνουμε παιδιά
avremo bambini

Κέρβερος

ΔΙΑΛΟΓΟΥ XXVII

όμορφος
bello

κατάφερες
gestire

ΔΙΗΑΝΕΙΡΑ :

Θέλω! Είσαι τόσο δυνατός, τόσο **όμορφος**! Αλλά πες μου, πώς τα **κατάφερες** με τον Κέρβερο;

ΑΛΕΞΑΝΔΡΟΣ :

Κυρία Διηάνειρα, να σου πω εγώ; Ο Ηρακλής έκανε τα ίδια που έκανε και με τον άγριο Ερυμάνθιο Κάπρο. Τον έδεσε!

δηλαδή
cioè

ΔΙΗΑΝΕΙΡΑ:

Δηλαδή;

απλά
semplice

ΗΡΑΚΛΗ :

πράγματα
cose

μαύρα
nero

γαύγιζε
latrato

ούρλιαζε
ululato

αγρίως
selvaggiamente

έσφιξα
rafforzato

αλυσίδες

παλιές
vecchio

ιστορίες
storie

Ε να, **απλά πράγματα**. Πήγα κοντά στο σκυλί. Είδα τα **μαύρα** του κεφάλια. Άκουσα πώς **γαύγιζε** και **ούρλιαζε αγρίως**. Με τα χέρια μου άρπαξα το μαύρο σκυλί και **έσφιξα** δυνατά τους λαιμούς του. Πήρα **αλυσίδες** και έδεσα όλους τους λαιμούς μαζί. Μετά έφερα το σκυλί μπροστά στον Ευρυσθέα και αυτός φοβήθηκε.

ΑΛΕΞΑΝΔΡΟΣ :

Ακριβώς όπως φοβήθηκε και όταν του έφερες τον Ερυμάνθιο Κάπρο. Ο Ευρυσθέας κρύφτηκε αμέσως σε ένα πιθάρι. Αλλά τι να λέμε τώρα; **Παλιές ιστορίες** είναι αυτές, άθλοι. Τώρα ο Ηρακλής θα παντρευτεί. Τέλος αυτά.

CAPITOLO 27

ΔΙΗΑΝΕΙΡΑ :

Τέλος! Δεν μου αρέσει ο άντρας μου να μην κάνει άλλους άθλους. Έχω μία φίλη. Αυτή η φίλη μου είναι πολύ **στενοχωρημένη**.

στενοχωρημένη
arrabbiata, triste

ΗΡΑΚΛΗΣ :

Στενοχωρημένη; Γιατί είναι στενοχωρημένη; Τι έχει αυτή η φίλη σου;

ΔΙΗΑΝΕΙΡΑ :

Την λένε **Καρυάτιδα**. Είναι πολύ **λυγερόκορμη** και όμορφη.

Καρυάτιδα

ΗΡΑΚΛΗΣ :

Από πού είναι αυτή η φίλη σου, Διηάνειρα;

λυγερόκορμη
con un bellissimo corpo

ΔΙΗΑΝΕΙΡΑ :

Από τις **Καρυές**, μια πόλη κοντά στη Σπάρτη.

Καρυές
Karyes, una città vicino a Sparta

ΗΡΑΚΛΗΣ :

Και ποιο είναι το πρόβλημά της; Γιατί είναι λυπημένη;

της λείπει
nostalgico
πατρίδα
paese d'origine, patria

ΔΙΗΑΝΕΙΡΑ :

Αχ Ηρακλή μου, πού να σου τα λέω.... Δεν αντέχει τον καιρό εκεί που βρίσκεται. **Της λείπει** η **πατρίδα** της, το **σπίτι** της, η οικογένειά της, οι **αδερφές** της. Μου έστειλε μέιλ πριν μία **εβδομάδα**. Θέλεις να σου το διαβάσω;

σπίτι
αδερφές
sorelle
εβδομάδα
settimana

ΔΙΑΛΟΓΟΥ XXVII

γράμμα ηλεκτρονικό
elettronico

διαβάσω
Βρετανικό Μουσείο
Museo Britannicao

βρέχει
αχτίδα
raggio
ηλίου
del sole
ουρανός
cielo
συνεχώς
continuamente
μουντός
nebbioso
κοντεύω
sto per diventare
να τρελαθώ
esco pazzo

ΗΡΑΚΛΗΣ :
Μέιλ; Τι είναι αυτό;

ΔΙΗΑΝΕΙΡΑ:
Γράμμα, ηλεκτρονικό γράμμα είναι. Να σου το **διαβάσω**;

ΗΡΑΚΛΗΣ :
Ναι, διάβασέ το μου, σε παρακαλώ.

ΔΙΗΑΝΕΙΡΑ:
Άκου. Λοιπόν

"*Αγαπημένη μου φίλη. Σήμερα αισθάνομαι χάλια. Εδώ, στο **Βρετανικό Μουσείο** ο **καιρός** είναι άθλιος. Κάθε μέρα **βρέχει**. Δεν βλέπεις **αχτίδα ηλίου**. Ο **ουρανός** είναι **συνεχώς μουντός** και **κοντεύω να τρελαθώ**.*

καιρός

CAPITOLO 27

Έχω πάρα πολλά **νεύρα**. **Όλα μου φταίνε**, **όλα μου πάνε ανάποδα**. Θέλω να βγω έξω, στο **Πάρκο**, να παίξω με τα άλλα **κορίτσια**. Γιατί εδώ, μέσα στο Βρετανικό Μουσείο είμαι **μόνη** μου, **ολομόναχη**. Δεν έχω **παρέα**. Μόνο **περίεργους τουρίστες** έχω, οι οποίοι βγάζουν **σέλφι** και φωτογραφίες με τα **κινητά** τους και μετά πάλι φεύγουν. Με **ενοχλούν** αυτοί οι τουρίστες.

νεύρα
nervi

όλα μου φταίνε
Io biasimo su tutto

όλα μου πάνε ανάποδα
tutto sta andando storto

κορίτσια
ragazze

μόνη
da solo

ολομόναχη
tutta sola

παρέα
compagnia

περίεργους
curioso, strano

τουρίστες
turisti

ενοχλούν
infastidire

πάρκο

σέλφι

κινητά

ΔΙΑΛΟΓΟΥ XXVII

παίξω
gioco

έδαφος
terra

λάσπη
fango

Ερέχθειο
Eretteo, un antico tempio nella parte nord dell'Acropoli.

σκοπό
scopo

σκέτος
pianura

άσχημος
brutto

τσιμεντένιος
fatto di cemento

φτιαγμένη για
fatto con lo scopo di

μάρμαρο
marmo

νόημα
intento

ελεύθερα
libero

Τι να κάνω κι εγώ; Βγαίνω έξω, στο πάρκο, για να **παίξω**. Μα έχει βροχή. Το **έδαφος** είναι γεμάτο **λάσπη**. Ο καιρός είναι χάλια και οι άνθρωποι εδώ είναι χάλια. Μου λείπει το σπίτι μου στις Καρυές. Μου λείπει εκείνο το **μπαλκόνι**, στο **Ερέχθειο**, με τις αδερφές μου τις άλλες Καρυάτιδες. Εκεί, στην Ακρόπολη, είχα έναν **σκοπό**. Κρατούσα στο κεφάλι μου το Ναό του Ερεχθέα, το Ερέχθειο. Εδώ, στο Βρετανικό Μουσείο δεν έχω κανέναν σκοπό. Πάνω από το κεφάλι μου βρίσκεται ένας **σκέτος τοίχος**, **άσχημος** και **τσιμεντένιος**. Ενώ εγώ είμαι **φτιαγμένη για** να κρατάω όμορφο, λευκό **μάρμαρο**. Τι κάνω εδώ; Η ζωή μου δεν έχει **νόημα**. Κανονικά, Διηάνειρά μου, ξέρεις, εγώ είμαι φτιαγμένη για να έχω τα **χέρια** μου **ελεύθερα**. Εδώ τα χέρια μου είναι **δεμένα**.

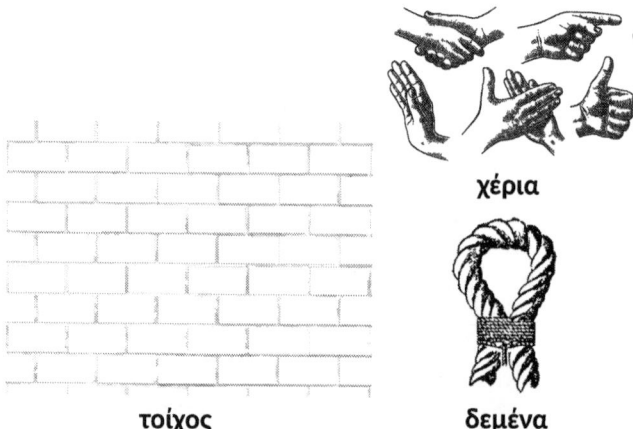

χέρια

τοίχος   δεμένα

CAPITOLO 27

Φοράω τα απλά μου ρούχα, τον **πέπλο** και τον χιτώνα μου, με την **μεσογειακή** μου **κορμοστασιά**, αλλά κανείς δεν με καταλαβαίνει εδώ. **Μελαγχολώ** πάρα πολύ, **λυπάμαι** και **κλαίω** κάθε μέρα, χωρίς λόγο και αιτία.

Το **λυγερό** μου **κορμί ματαίως** στέκεται εδώ. Ώρες ώρες τόσο που θλίβομαι, **εκνευρίζομαι** και θέλω να **σκίσω** τα ρούχα μου τα λευκά, θέλω να **λύσω** τα χέρια μου και να αρχίσω να **χορεύω** με όλους τους τουρίστες που έρχονται και με **κοιτάνε** εδώ στο Βρετανικό Μουσείο. Δεν **αντέχω**, σου λέω.

πέπλο
velo
μεσογειακή
mediterraneo
κορμοστασιά
trasporto
μελαγχολώ
faccio il broncio, sono rattristato
λυπάμαι
mi dispiace
λυγερό
verso l'alto

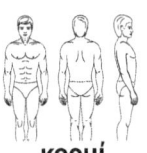

κορμί
ματαίως
invano
εκνευρίζομαι
mi vengono i nervi
σκίσω
strappare
λύσω
sciogliere
κοιτάνε
guardami
αντέχω
fronteggiare

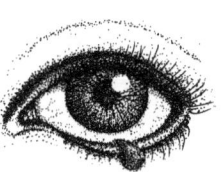
κλαίω

χορεύω

ΔΙΑΛΟΓΟΥ XXVII

κρύο
freddo
ζέστη
caldo
θέα
vista
κλέψανε
Ha rubato
κινηθώ
spostare
φύγω
andare via
ξεχνάω
dimenticare
θύμα
vittima
παράλογης
folle
απαγωγής
rapimento
πατρίδα
paese d'origine
ανήκω
io appartengo
επιστρέψω
ritorno
Φιλοξενία
ospitalità
γεννήθηκα
sono nato
μεγάλωσα
sono cresciuto

πεθάνω

Είμαι μία ξένη εδώ. Η ξενιτειά με πονάει. Εδώ στο Λονδίνο έχει πάντα συννεφιά, δεν έχει ποτέ ήλιο. Εδώ στο Λονδίνο έχει πάντα **κρύο**, δεν έχει ποτέ **ζέστη**. Στο σπίτι μου, στην πατρίδα μου, έχει ωραίο καιρό και ζέστη. Και η **θέα**! Τι όμορφη θέα εκεί πάνω στην Ακρόπολη! Είμαι σίγουρη ότι και στην Ακρόπολη έχει τουρίστες! Αλλά εκεί, από την Ακρόπολη. Αχ... Εκεί, στην Ακρόπολη έχω την ησυχία μου. Αχ... Βλέπεις μέχρι τη θάλασσα, κάτω, στον Πειραιά, τα καράβια να έρχονται και να φεύγουν. Εδώ τι βλέπω απέναντί μου; Έναν τοίχο. Ένα ντουβάρι. Με ρώτησε κανείς αν θέλω να είμαι εδώ; Με ρώτησε κανείς αν θέλω να φύγω από την Ελλάδα; Όχι, κανείς δεν με ρώτησε. Με **κλέψανε** με τη βία. Ο ξεριζωμός μου, από τα χώματά μου, με πονάει. Θέλω να **κινηθώ**. Θέλω να **φύγω**. Τα νεύρα μου, Διηάνειρά μου, σου λέω, δεν είμαι καλά. Δεν αντέχω άλλο. **Ξεχνάω** τη γλώσσα μου. Ξεχνάω τα ελληνικά μου. Είμαι το **θύμα** μίας **παράλογης απαγωγής**. Με απήγαγαν, με πήρανε και έφυγα από την Ελλάδα σαν τον δραπέτη, σαν τον φυγά, δίχως να το θέλω. Στενοχωριέμαι, πάω να σκάσω. Πώς θα γίνει να γυρίσω πίσω στην **πατρίδα** μου, στην Αθήνα, όπου **ανήκω**; Ξέρεις κάποιον καλό ήρωα, με δύναμη, να με φέρει πίσω; Θέλω οπωσδήποτε να **επιστρέψω** στην Ελλάδα. Θέλω να γυρίσω πίσω στην πατρίδα μου. Δεν έχει Ξένιο Δία εδώ στο Βρετανικό Μουσείο. Δεν έχει **φιλοξενία** και αγάπη προς τους ξένους, όπως στην Ελλάδα. Εκεί **γεννήθηκα**, εκεί **μεγάλωσα**, εκεί θέλω να ζήσω και να **πεθάνω**. Σε παρακαλώ, γράψε μου το

CAPITOLO 27

συντομότερο δυνατόν. Κοντεύω να τρελαθώ εδώ.

Φιλάκια,

Κάρυ"

Λοιπόν, τι θα κάνεις Ηρακλή μου; Θα πας να την βοηθήσεις;

συντομότερο
prima

ΑΛΕΞΑΝΔΡΟΣ :
Ναι, κυρία Διηάνειρα! Την ξέρω αυτή την ιστορία. Η Καρυάτιδα που έκλεψαν και την πήγαν στο Λονδίνο. Τι θέλετε να κάνουμε;

ΗΡΑΚΛΗΣ :
Ξέρω εγώ τι θα κάνουμε! Θα πάρουμε ένα πλοίο, μία **τριήρη**, και θα πάμε να φέρουμε πίσω την φίλη σου την Καρυάτιδα, την Κάρυ. Αλέξανδρε, είσαι έτοιμος;

τριήρη
trireme, un antica nave da guerra

ΑΛΕΞΑΝΔΡΟΣ :
Ηρακλή, εγώ είμαι πάντα έτοιμος. Αλλά ξέρω ότι εσύ έκανες δώδεκα άθλους, όχι δεκατρείς. Και ξέρω ότι μετά τον άθλο με τον Κέρβερο εσύ πήρες **σύνταξη**.

σύνταξη
pensione

ΗΡΑΚΛΗΣ :
Δηλαδή; Τι σημαίνει πήρα σύνταξη;

ΔΙΑΛΟΓΟΥ XXVII

ΑΛΕΞΑΝΔΡΟΣ :

Σημαίνει ότι σταμάτησες να δουλεύεις, σταμάτησες να κάνεις άθλους και παντρεύτηκες τη Διηάνειρα. Και ζήσατε εσείς καλά κι εμείς καλύτερα.

ΗΡΑΚΛΗΣ :

καθήκον
dovere

Ναι, αλλά εδώ έχουμε καθήκον! Το **καθήκον** μας καλεί! Πρέπει να πάμε να βοηθήσουμε την Καρυάτιδα.

ΔΙΗΑΝΕΙΡΑ :

Ναι, Ηρακλή μου, πρέπει να πάτε. Εγώ θα σας περιμένω εδώ.

ΗΡΑΚΛΗΣ :

Πάμε λοιπόν, Αλέξανδρε;

ΑΛΕΞΑΝΔΡΟΣ :

λιμάνι

Πάμε, κύριε Ηρακλή. Αυτός ο άθλος μου φαίνεται λίγο τρελός, αλλά πάμε, τι να κάνουμε;....Φεύγουν για το **λιμάνι**.

CAPITOLO 27

ΑΣΚΗΣΕΙΣ ΚΑΤΑΝΟΗΣΗΣ ΔΙΑΛΟΓΟΥ

ESERCIZI DI COMPRENSIONE

Άσκηση 1: Vero o falso? / Σωστό ή Λάθος;
Se c'è un errore nella frase, riscrivila correttamente.

                Σ   Λ

1. Ο Ηρακλής έδεσε τον Κέρβερο με άγριο τρόπο. Πήγε κοντά στο σκυλί. Είδε τα μαύρα του κεφάλια. Με τα χέρια μου άρπαξε το μαύρο σκυλί και έσφιξε δυνατά τα πόδια του σκυλιού. Πήρε αλυσίδες και έδεσε όλα τα πόδια μαζί. _____

    Αν η πρόταση είναι λάθος, γράψε τη σωστά.

2. Η Καρυάτιδα γκρινιάζει στο γράμμα της στην Διηάνειρα. Το κύριο πρόβλημά της είναι ότι έχει χάλια καιρό και κρύο και δεν μπορεί να παίξει με τις φίλες της στο πάρκο. _____

    Αν η πρόταση είναι λάθος, γράψε τη σωστά.

3. Η Καρυάτιδα θέλει να πάει στην Ακρόπολη. Εκεί είναι ήσυχα, δεν έχει πολύ κόσμο και δεν έχει τουρίστες, κατά τη γνώμη της. _____

    Αν η πρόταση είναι λάθος, γράψε τη σωστά.

4. Η Διηάνειρα είναι δυναμική, θέλει να ακολουθήσει τον Ηρακλή στο ταξίδι του στο Βρετανικό Μουσείο. _____

    Αν η πρόταση είναι λάθος, γράψε τη σωστά.

ΔΙΑΛΟΓΟΥ XXVII

ΑΣΚΗΣΕΙΣ ΓΙΑ ΚΟΥΒΕΝΤΑ ΔΙΑΛΟΓΟΥ
ESERCIZI DI DISCUSSIONE

1. Η Καρυάτιδα στο γράμμα της πιστεύει ότι ζει στην ξενιτειά, δηλαδή μακριά από την πατρίδα της. Τι είναι πατρίδα για σένα; Τι είναι έθνος; Υπήρχαν πάντα έθνη όπως τα ξέρουμε σήμερα κατά τη γνώμη σου;

2. Η Διηάνειρα δείχνει να μην έχει ιδιαίτερη γνώμη για όσα κάνει ο Ηρακλής. Πιστεύεις ότι η γυναίκα σήμερα είναι δίκαιο να φέρεται όπως η Διηάνειρα;

3. Τι γνώμη έχει για τον Τουρισμό και τη σχέση του με τον πολιτισμό κάθε περιοχής; Είναι λογικό να ζητάμε κάθε κουζίνα σε κάθε περιοχή ανά πάσα στιγμή; Αυτό χαλάει ή ωφελεί τον χαρακτήρα κάθε περιοχής κατά τη γνώμη σου; Για παράδειγμα, έχει θέση ένα εξωτικό εστιατόριο μα ανατολικές ή δυτικές κουζίνες σε ένα νησί της Μεσογείου;

CAPITOLO 28

28

Ο ΗΡΑΚΛΗΣ ΚΑΙ Ο ΑΛΕΞΑΝΔΡΟΣ ΣΤΟ ΛΟΝΔΙΝΟ

Έξω από το **Μετρό** του Λονδίνου

μετρό

ΗΡΑΚΛΗΣ :

Αλέξανδρε, έχει πολύ κρύο εδώ πέρα. Έχει δίκιο η Καρυάτιδα να παραπονιέται για τον καιρό.

ΑΛΕΞΑΝΔΡΟΣ :

Φυσικά και έχει κρύο, Ηρακλή! Στην Αγγλία είμαστε! Εδώ τον μισό χρόνο βρέχει! Και εσύ φοράς μία λεοντή μονάχα. Τι να σου κάνει; Κρυώνεις;

ΗΡΑΚΛΗΣ :

Ναι, κρυώνω! Είναι μακριά ακόμη αυτό το… Βρετανικό Μουσείο;

ΑΛΕΞΑΝΔΡΟΣ :

Όχι, όχι, εδώ κοντά είναι. Θα πάρουμε το μετρό και φτάσαμε.

ΔΙΑΛΟΓΟΥ XXVIII

ΗΡΑΚΛΗΣ :
Το μετρό; Δηλαδή;

τρένο

ΑΛΕΞΑΝΔΡΟΣ :
Δηλαδή το **τρένο**. Περίμενε και θα δεις.

(ήχος μετρό Λονδίνου - Έξω από το Βρετανικό Μουσείο)

ΑΛΕΞΑΝΔΡΟΣ :
Φτάσαμε. Εδώ είμαστε. Το Βρετανικό Μουσείο!

αέτωμα
frontone

ΗΡΑΚΛΗΣ :
Μα τον Δία, τι βλέπω! Στο **αέτωμα**, εκεί ψηλά, **ο Δίας** ο Πατέρας και οι άλλοι θεοί! Ναός είναι αυτό;

ο Δίας

ΑΛΕΞΑΝΔΡΟΣ :
Όχι, Ηρακλή. Είναι το Βρετανικό Μουσείο. Απλώς απ' έξω μοιάζει με ναό. Λοιπόν, πάμε, εκεί, αριστερά, στην **αίθουσα** με τα ελληνικά **ευρήματα**.

αίθουσα
stanza

ευρήματα
risultati

ΗΡΑΚΛΗΣ :
Τι βλέπω; Πολύ κόσμος είναι **μαζεμένος** εκεί μέσα! Και ακούω μουσική! Τι περίεργη μουσική είναι αυτή; Αλέξανδρε, τι συμβαίνει;

μαζεμένος
tutti insieme

ΑΛΕΞΑΝΔΡΟΣ :
Αχ, εκεί, Ηρακλή, είναι η αίθουσα με τα Μάρμαρα του Παρθενώνα. Τα λεγόμενα Ελγίνεια. Σήμερα,

CAPITOLO 28

από ό,τι φαίνεται, έχει συναυλία κλασικής μουσικής... Τι να πεις... Αλλά εμείς δεν πάμε εκεί, πάμε στην Καρυάτιδα! Να τη! Εδώ, δεξιά! Δίπλα στην πόρτα, την βλέπεις;

ΗΡΑΚΛΗΣ :

... Ναι! Καρυάτιδα! Ε, κυρία Καρυάτιδα! Τι κάνετε;

ΚΑΡΥΑΤΙΔΑ :

Δεν αντέχω άλλο! Σταματήστε παρακαλώ να βγάζετε φωτογραφίες! Κουράστηκα. Ναι, εκεί μέσα είναι τα Μάρμαρα του Παρθενώνα. Παρακαλώ αφήστε με μόνη μου εδώ στην αίθουσα του Ερεχθείου. Εγώ και οι αναμνήσεις μου... Φύγετε, παρακαλώ, φύγετε. Εμ, τι ακούω, **μιλάτε** ελληνικά;

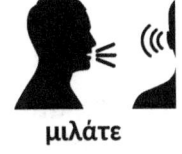

μιλάτε

ΗΡΑΚΛΗΣ :

Ναι, κυρία Καρυάτιδα! Είμαι ο Ηρακλής! Μιλήσατε με τη γυναίκα μου, τη Διηάνειρα. Μου είπε ότι θέλετε βοήθεια!

ΚΑΡΥΑΤΙΔΑ :

Αχ, η Διηάνειρα! Σου είπε ότι θέλω βοήθεια; Ναι, αλλά εγώ θέλω έναν δυνατό άντρα, αλλά με μυαλό. Εσύ έχεις μυαλό; Με το μυαλό μπορώ να φύγω από εδώ. Μπορώ να πάω στο σπίτι μου, στο Ερεχθείο! Εσύ δεν μου φαίνεσαι ούτε πολύ δυνατός, ούτε πολύ **μυαλωμένος**...

μυαλωμένος
sveglio, intelligente

ΔΙΑΛΟΓΟΥ XXVIII

παγίδευσα intrappolati	**ΗΡΑΚΛΗΣ :** Εγώ, κυρία Καρυάτιδα, σκότωσα τη Λερναία Ύδρα! Και **παγίδευσα** τον Ερυμάνθιο Κάπρο! Έχω πολλή δύναμη και στα χέρια και στο νου! Τι μου λες τώρα;

μαλλιά

χτένισμά
acconciatura

στη μόδα
di moda

εκθέματα
mostre

ανάγλυφα
rilievi

Ναό του Επικούρειου Απόλλωνα στις Βάσσες
Tempio di Apollo Epicurio a Bassae

μπερδεμένα
confuso

σειρά
ordine

αλλάζουν
cambiare

θέση
posizione

ΑΛΕΞΑΝΔΡΟΣ :
Ναι, κυρία Καρυάτιδα, είναι δυνατός ο Ηρακλής! Ήρθε εδώ για να σε σώσει!

ΚΑΡΥΑΤΙΔΑ :
Για να με σώσει; Δεν πιστεύω ότι μπορεί. Ξέρεις, έρχονται εδώ κάθε μέρα και βγάζουν φωτογραφίες τα **μαλλιά** μου. Είναι, λένε οι τουρίστες, το **χτένισμά** μου και πάλι **στη μόδα**. Και θέλουν να κάνουν τα μαλλιά τους όπως εγώ. Τι να πω, εγώ νομίζω ότι θα είμαι φυλακισμένη εδώ για πάντα. Μίλησα και με τα άλλα **εκθέματα** εδώ, που είναι πιο παλιά, με τα **ανάγλυφα** από το **Ναό του Επικούρειου Απόλλωνα στις Βάσσες**.

ΗΡΑΚΛΗΣ :
Και τι είπαν τα ανάγλυφα;

ΚΑΡΥΑΤΙΔΑ :
Τι να πουν και τα ανάγλυφα από τις Βάσσες!! Είναι πολύ **μπερδεμένα**. Κανείς δεν ξέρει με ποια ακριβώς **σειρά** βρίσκονταν πάνω στο Ναό. Τα έβαλαν εδώ και κάθε λίγα χρόνια τους **αλλάζουν θέση**, μετά λένε πάλι λάθος κάναμε, τα ξανα-αλλάζουν, και όλο μπερδεμένα είναι.

CAPITOLO 28

ΗΡΑΚΛΗΣ :
Κρίμα, πολύ κρίμα για τα ανάγλυφα.

ΚΑΡΥΑΤΙΔΑ :
Ναι, είναι **άδικο**. Τα ρώτησα **προχτές** το βράδυ, θέλετε να φύγετε, να πάτε πίσω στην Ελλάδα; Και εκείνα μου είπαν όχι, είμαστε τόσο μπερδεμένα που δεν θέλουμε να πάμε πίσω στην Ελλάδα. Εγώ, Ηρακλή, ξέρεις, κάθε βράδυ που κλείνει το Μουσείο **σχεδιάζω** την **απόδρασή** μου.

ΗΡΑΚΛΗΣ :
Δηλαδή; Τι σχεδιάζετε κυρία Καρυάτιδα;

ΚΑΡΥΑΤΙΔΑ :
Κάθε βράδυ, έρχεται ο φύλακας και **κλειδώνει** την πόρτα. Και εγώ κάθομαι και σχεδιάζω πώς θα φύγω από εδώ. Τα έχω σκεφτεί όλα στην **εντέλεια** : Θα φύγω βράδυ, θα σπάσω την πόρτα που κλειδώνει ο φύλακας και θα φτάσω μέχρι την **κεντρική** είσοδο. Από την κεντρική είσοδο μπροστά υπάρχει ένας κήπος. Το δύσκολο κομμάτι είναι να περάσω τον κήπο και να μη με καταλάβουν. Αφού θα φτάσω στην εξωτερική είσοδο και από εκεί στο δρόμο, μετά θα είναι εύκολο. Κανείς δεν θα με καταλάβει βράδυ στους δρόμους του Λονδίνου. Θα με βοηθήσετε;

κρίμα
è un peccato

άδικο
ingiusto

προχτές
il giorno prima di ieri / l'altro ieri

σχεδιάζω
pianare, avere intenzione di, avere in mente

απόδρασή
fuga

κλειδώνει

εντέλεια
al più piccolo dettaglio, alla perfezione

κεντρική
centrale

ΔΙΑΛΟΓΟΥ XXVIII

ΗΡΑΚΛΗΣ :
Εγώ! Εγώ! Γι' αυτό είμαι εδώ! Για να σε βοηθήσω να αποδράσεις!

ΚΑΡΥΑΤΙΔΑ :
Μπορείς; Απόψε το βράδυ; Έχω πολλές ιδέες για το πώς θα φύγουμε, **θα με ντύσετε** με ρούχα μοντέρνα και θα πάρουμε το αεροπλάνο. Κανείς δεν θα μας καταλάβει! Και θα γυρίσω επιτέλους στις αδερφές μου, στην πατρίδα μου, στο σπίτι μου!

θα με ντύσετε
mi vestirai

ΗΡΑΚΛΗΣ :
Όλα θα γίνουν. Εμείς πες μας τι θέλεις να κάνουμε!

ΑΛΕΞΑΝΔΡΟΣ :
Ναι, κυρία Καρυάτιδα! Τι θέλεις να κάνουμε εμείς για την απόδρασή σου;

ΚΑΡΥΑΤΙΔΑ :
Κατ' αρχάς μη **τραβήξετε υποψίες**. Όλα θα είναι **μυστικά**. Θέλω να δείτε και τα άλλα εκθέματα του Μουσείου και μετά να φύγετε. Το βράδυ, στις δέκα η ώρα, θέλω να έρθετε εδώ. Έχει έναν φύλακα μπροστά στην κεντρική είσοδο. Αυτό τον φύλακα πρέπει να **τον αποκοιμήσετε**. Δεν ξέρω πώς, εσείς θα σκεφτείτε τρόπο.

τραβήξετε
causa
υποψίες
sospetti
μυστικά
segreti
τον αποκοιμήσετε
metterlo a dormire

CAPITOLO 28

ΗΡΑΚΛΗΣ :

Ξέρω εγώ! Θα του ρίξω μία με το ρόπαλο στο κεφάλι και θα λιποθυμήσει αμέσως! Αυτό θα κάνω! Εύκολο!

ΚΑΡΥΑΤΙΔΑ :

Ωραία, ωραία. Αφού λοιπόν νικήσετε τον φύλακα, μετά θα μπείτε μέσα στο Μουσείο. Έχει και άλλο φύλακα, θα κάνετε πάλι το ίδιο. Εγώ, **τριάντα λεπτά** μετά, στις δέκα και μισή το βράδυ, θα σπάσω την πόρτα και θα περιμένω να έρθετε να με πάρετε. Εντάξει;

τριάντα
trenta
λεπτά
minuti

ΗΡΑΚΛΗΣ :

Εντάξει! Έτοιμο το σχέδιο! Φεύγουμε, Αλέξανδρε;

ΑΛΕΞΑΝΔΡΟΣ :

Φεύγουμε. Αλλά, δεν ξέρω, αυτό το σχέδιο το φοβάμαι....

ΚΑΡΥΑΤΙΔΑ :

Δεν έχεις να φοβάσαι τίποτα. Λοιπόν, άντε, στο καλό, στην ευχή του Δία να πάτε και τα λέμε το βράδυ. Γεια σας!

ΗΡΑΚΛΗΣ :

Γεια σου κυρία Καρυάτιδα!

ΑΛΕΞΑΝΔΡΟΣ :

Γεια σου!

ΔΙΑΛΟΓΟΥ XXVIII

ΑΣΚΗΣΕΙΣ ΚΑΤΑΝΟΗΣΗΣ ΔΙΑΛΟΓΟΥ
ESERCIZI DI COMPRENSIONE

1. Στην Αγγλία ο καιρός είναι ιδιαίτερος :
   α) κάνει ζέστη και τον μισό χρόνο έχει ήλιο.
   β) κάνει κρύο και τον μισό χρόνο βρέχει.
   γ) κάνει κρύο, αλλά δεν βρέχει ποτέ.
   δ) κάνει ζέστη, αλλά δεν έχει συχνά ήλιο.

2. Ο Ηρακλής και ο Αλέξανδρος πηγαίνουν στο Βρετανικό Μουσείο με :
   α) τα πόδια.
   β) το λεωφορείο.
   γ) ένα ταξί.
   δ) το μετρό.

3. Η Καρυάτιδα στον διάλογο:
   α) θέλει κι άλλες φωτογραφίες, ποζάρει με ενθουσιασμό.
   β) δεν θέλει άλλες φωτογραφίες, γκρινιάζει στους τουρίστες και τους διώχνει.
   γ) είναι φιλόξενη και πρόσχαρη προς τους τουρίστες.
   δ) είναι χαρούμενη.

4. Τα ανάγλυφα από το Ναό του Επικούρειου Απόλλωνα στις Βάσσες βρίσκονται στο Βρετανικό Μουσείο. Εκεί :
   α) είναι τοποθετημένα σε σωστή, μελετημένη σειρά και ξέρουμε ποιον μύθο λένε.
   β) είναι σε καλή κατάσταση.
   γ) είναι τοποθετημένα σε λάθος σειρά και δεν ξέρουμε ποιον μύθο λένε..
   δ) σχεδόν δεν βλέπεις πού είναι.

CAPITOLO 28

5. Η κεντρική ιδέα της Καρυάτιδας για να φύγει από το Βρετανικό Μουσείο είναι η εξής:

α) θα ντύσουν τον φύλακα με μοντέρνα ρούχα και η Καρυάτιδα θα αποκοιμηθεί. Θα σπάσουν την πόρτα και θα φύγει.

β) θα φύγει γρήγορα γρήγορα, το γοργόν και χάριν έχει.

γ) θα φύγει σιγά σιγά, γιατί όποιος βιάζεται σκοντάφτει.

δ) θα αποκοιμήσουν τον φύλακα και θα ντύσουν την Καρυάτιδα με μοντέρνα ρούχα. Θα σπάσουν την πόρτα και θα φύγει.

ΑΣΚΗΣΕΙΣ ΓΙΑ ΚΟΥΒΕΝΤΑ ΔΙΑΛΟΓΟΥ
ESERCIZI DI DISCUSSIONE

1. Πώς βοηθάς όταν σου ζητά κανείς βοήθεια; Είναι η βοήθεια μία από τις αξίες της ανθρωπότητας σήμερα; Παραδείγματα;

2. Τι είναι νόμιμο και τι παράνομο στην περίπτωση του διαλόγου; Η κλοπή της Καρυάτιδας από το Ερέχθειο ή η κλοπή της Καρυάτιδας από το Μουσείο;

3. Σε ποιο βαθμό η παρουσία της Καρυάτιδας στο Βρετανικό Μουσείο δημιουργεί την ιδέα του Έθνους και του ανολοκλήρωτου μνημείου που ζητά ολοκλήρωση; Είναι ιδέα ή ιδεολόγημα η επιστροφή των αρχαίων μνημείων κατά τη γνώμη σου;

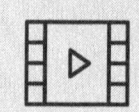 

29

Ο ΗΡΑΚΛΗΣ, Ο ΑΛΕΞΑΝΔΡΟΣ ΚΑΙ Η ΚΑΡΥΑΤΙΔΑ ΣΤΗ ΦΥΛΑΚΗ

Ακούγεται μία σειρήνα αστυνομίας

ΗΡΑΚΛΗΣ :

Όλα πήγαν **στραβά**! Δεν καταλαβαίνω τι ήταν αυτό που με χτύπησε, σαν **κεραυνός** ήταν, μα τον Δία. Αχ της **φυλακής** τα **σίδερα** είναι για τους **λεβέντες**.

ΚΑΡΥΑΤΙΔΑ :

Τι είναι ο λεβέντης;

ΗΡΑΚΛΗΣ :

Λεβέντης είναι ο δυνατός άντρας, το **παλλικάρι**, εγώ!

ΚΑΡΥΑΤΙΔΑ :

Εσύ, Ηρακλή, είσαι και λεβέντης, είσαι και **μαλάκας**!

στραβά
sbagliato

κεραυνός
tuono

φυλακής

σίδερα
catene

λεβέντες
uomini coraggiosi

παλλικάρι
uomo coraggioso, audace

μαλάκας
stupido, idiota

CAPITOLO 29

ΗΡΑΚΛΗΣ :

Δηλαδή; Μαλάκας τι σημαίνει;

ΚΑΡΥΑΤΙΔΑ :

Ηρακλή μου, μαλάκας σημαίνει ότι είσαι **μαλθακός, αδύναμος**. Σημαίνει ότι δεν έχεις δύναμη στο μυαλό. Αλλά έχεις δύναμη στα χέρια.

μαλθακός
cedevole

αδύναμος
debole

ΑΛΕΞΑΝΔΡΟΣ :

Ηρακλή, είμαστε στην Αγγλία. Εδώ έχουν όπλα οι φύλακες. Φυσικά και σε χτύπησε, με **ηλεκτρισμό**, και σε νίκησε αμέσως. Ήταν λάθος το σχέδιό μας.

ηλεκτρισμό
elettricità

ΚΑΡΥΑΤΙΔΑ :

Λάθος είναι που είμαστε εδώ, στην φυλακή! Είναι λάθος και άδικο! Δικό σου λάθος. Αλλά και εσύ βρε Ηρακλή, δεν έχεις μυαλό καθόλου!

ΗΡΑΚΛΗΣ :

Τι έκανα; Και δύναμη έχω, και μυαλό!

ΚΑΡΥΑΤΙΔΑ :

Ναι, Ηρακλή, αλλά όταν κάνεις κάτι δύσκολο και επικίνδυνο, δεν **φωνάζεις**! Εσύ φώναξες! Φώναξες σα να είμαστε σε **γήπεδο**! Στο γήπεδο σωστά φωνάζουμε. Στο Μουσείο όμως δεν φωνάζουμε Ηρακλή! Ο **ενθουσιασμός** κάνει καλό, αλλά ο πολύς ενθουσιασμός οδηγεί σε λάθη…

φωνάζεις

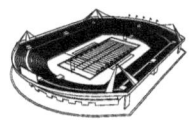

γήπεδο
ενθουσιασμός
entusiasmo

ΔΙΑΛΟΓΟΥ XXIX

μηδέν άγαν
loro erano zero,
nulla in eccesso

υπερβολικό
troppo

ΑΛΕΞΑΝΔΡΟΣ :

Έχει δίκιο, Ηρακλή. **Μηδέν άγαν** δεν λένε; Τίποτε **υπερβολικό**, όλα με μέτρο! Εσύ ενθουσιάστηκες πολύ και φώναξες.

ΗΡΑΚΛΗΣ :

Δεν φώναξα! Απλώς είπα Πάμε! Αχ, Διηάνειρα! Εσύ και οι φίλες σου και οι ιδέες σου για ελευθερία! Αχ τι πάθαμε...

βροντοφώναξες
gridare ad alta voce

εσύ φταις
è colpa tua

ελευθερία
libertà

αρετή
virtù

τόλμη
audacia

κατηγορίες
incolpare / accuse

ΑΛΕΞΑΝΔΡΟΣ :

Ε, Ηρακλή, για να λέμε την αλήθεια δεν είπες απλώς Πάμε. Φώναξες. Όχι απλώς φώναξες! **Βροντοφώναξες**! Και τώρα μας λες ότι φταίει η Διηάνειρα και οι ιδέες της για ελευθερία! **Εσύ φταις** που φώναξες...

ΚΑΡΥΑΤΙΔΑ :

Ηρακλή, πρόσεχε τι λες! Η **Ελευθερία** είναι μεγάλο πράγμα! Θέλει **αρετή** και **τόλμη**. Εσύ έχεις και τα δύο, αλλά δεν είχες το μυαλό σου στη θέση του. Έτσι χάσαμε και την Ελευθερία μας. Γι' αυτό τώρα είμαστε στη φυλακή. Και έχουν δίκιο για τις **κατηγορίες**.

κλέφτης
ladro

Μουσείο

ΗΡΑΚΛΗΣ :

Όχι δεν έχουν! Με κατηγορούν ότι είμαι **κλέφτης**. Ότι θέλω να κλέψω την Καρυάτιδα! Αυτό είναι ψέματα. Η αλήθεια είναι ότι εκείνοι έκλεψαν εσένα Καρυάτιδα. Όχι εγώ. Οι κλέφτες είναι το **Μουσείο**.

CAPITOLO 29

ΚΑΡΥΑΤΙΔΑ :

Το Μουσείο είναι το σπίτι των **μουσών**. Και οι νόμοι είναι νόμοι, όπως λέει ο Σωκράτης. Χτες πιστεύαμε στους νόμους. Σήμερα πιστεύουμε στους νόμους. Άρα και αύριο θα πιστεύουμε στους νόμους. Πρώτα είναι ο νόμος και μετά εμείς. Dura lex, sed lex. Ο **νόμος** λέει ότι όταν είσαι στο Μουσείο νύχτα και σε βλέπουν, είναι **παράνομο**. Γι' αυτό σου είπα, να έρθεις μέσα προσεκτικά, να μη σε καταλάβουν.

μουσών
muse

νόμος
legge

παράνομο
illegale

ΑΛΕΞΑΝΔΡΟΣ :

Κυρία Καρυάτιδα, έχω μερικά λεφτά. Μήπως έτσι βγούμε έξω από τη φυλακή; Είναι τόσο άσχημα εδώ μέσα.

ΚΑΡΥΑΤΙΔΑ :

Γιατί είναι τόσο άσχημα; Φαγητό έχουμε. Νερό έχουμε. Ζέστη έχει. Αφού κάναμε κάτι παράνομο, θα **τιμωρηθούμε**. Και εδώ η τιμωρία έχει τόσα καλά πράγματα. Όλα καλά δεν είναι;

τιμωρηθούμε
essere punito

ΗΡΑΚΛΗΣ :

Όχι, δεν είναι καλά! Αλέξανδρε, τι λένε τα βιβλία σου για όλα αυτά;

ΚΑΡΥΑΤΙΔΑ :

Ναι, τι λένε τα βιβλία σου Αλέξανδρε; Αφού ο Ηρακλής δεν είχε μυαλό και έκανε βλακείες, αφού δεν ακολούθησε τους νόμους, ούτε βρήκε νόμιμο τρόπο να γυρίσω εγώ στην Ελλάδα, τι μπορούμε να κάνουμε τώρα; Τι λένε τα βιβλία σου; Μυθολογίες;

ΑΛΕΞΑΝΔΡΟΣ :

Τα βιβλία μου; Τι λένε; Εμ, μισό λεπτό. Βασικά... Εγώ ένα βιβλίο διάβαζα και μετά κοιμήθηκα! Άρα τι λένε τα βιβλία μου για όλα αυτά;

δουλειά
lavoro

σχολείο

ΚΑΡΥΑΤΙΔΑ :

Τι λένε βρε Αλέξανδρε; Λένε ότι ακόμα κοιμάσαι. Λένε ότι όλα αυτά είναι ένα όνειρο. Λένε ότι εσύ ορίζεις τη ζωή σου, όπως ο Ηρακλής όρισε τη δική του ζωή. Άντε λοιπόν, εμπρός! Ξύπνα! Έχεις **δουλειά** για το **σχολείο**! Καλημέρα!!!

CAPITOLO 29

ΑΣΚΗΣΕΙΣ ΚΑΤΑΝΟΗΣΗΣ ΔΙΑΛΟΓΟΥ
ESERCIZI DI COMPRENSIONE

1. Ο Ηρακλής είναι και λεβέντης, είναι και μαλάκας, δηλαδή :

    α) δεν έχει πολλή δύναμη, ούτε στο μυαλό, ούτε στα χέρια.

    β) έχει πολλή δύναμη, αλλά όχι στο μυαλό. Έχει δύναμη κυρίως στα χέρια.

    γ) έχει λάθος σχέδιο, αλλά το λέει με πολύ ωραία λόγια.

    δ) έχει σωστό σχέδιο, αλλά δεν το λέει με σωστά λόγια..

2. Ο Ηρακλής όταν κάνει την απαγωγή της Καρυάτιδας, κάνει λάθος επειδή:

    α) πάνω στον ενθουσιασμό του, φωνάζει.

    β) πάνω στον ενθουσιασμό του, ξεχνάει την Καρυάτιδα.

    γ) πάνω στον ενθουσιασμό του, ξυπνάει τον φύλακα.

    δ) πάνω στον ενθουσιασμό του, ξυπνάει τις Μούσες.

3. Η Ελευθερία είναι κάτι σπουδαίο και αξίζει στον Ηρακλή, αλλά την χάνει. Γιατί;

    α) Ο Ηρακλής δεν έχει και αρετή και τόλμη.

    β) Ο Ηρακλής έχει και αρετή και τόλμη, αλλά δεν έχει τον ενθουσιασμό.

    γ) Ο Ηρακλής έχει και αρετή και τόλμη, αλλά δεν έχει το μυαλό στη θέση του.

    δ) Ο Ηρακλής δεν έχει λεφτά και κλέβει το Μουσείο.

4. Πώς προτείνει να δράσουν η Καρυάτιδα στον Ηρακλή;

    α) Να φύγουνε από την φυλακή κρυφά, αργά τη νύχτα.

    β) Να μη φύγουνε από την φυλακή, γιατί έχουν δίκιο οι κατήγοροι και οι νόμοι.

    γ) Να πληρώσουνε μερικά λεφτά στους φύλακες και να φύγουν.

    δ) Να κάνουν υπομονή και να μην κάνουν τίποτε γιατί έρχεται ο Ερμής.

5. Τελικά τι συμβαίνει από τα παρακάτω;

α) Ο Ηρακλής βλέπει όνειρο ότι είναι μέσα στη φυλακή.

β) Ο Αλέξανδρος βλέπει όνειρο ότι η Καρυάτιδα είναι έξω από τη φυλακή.

γ) Η Καρυάτιδα βλέπει όνειρο ότι είναι μέσα στη φυλακή.

δ) Ο Αλέξανδρος βλέπει όνειρο ότι είναι με τον Ηρακλή και την Καρυάτιδα στη φυλακή.

ΑΣΚΗΣΕΙΣ ΓΙΑ ΚΟΥΒΕΝΤΑ ΔΙΑΛΟΓΟΥ
ESERCIZI DI DISCUSSIONE

1. Ποιος είναι δυνατός και ποιος αδύναμος άνθρωπος κατά τη γνώμη σου; Ποιος είναι λεβέντης και ποιος μαλάκας; Περιγραφή.

2. Ανήκουν σε κάποιον τα αρχαιολογικά μνημεία ή όχι; Ανήκουν σε μουσεία; Σε κράτη; Στην ανθρωπότητα; Γιατί κατά τη γνώμη σου;

3. Κατά τη γνώμη σου, είναι η ιδέα του έθνους ένα όνειρο, ένα σύμβολο ή μία πραγματικότητα, μία ζωή απτή;

Αα

Ααααχ — Ahi! Aaah!
αγαθό, το- αγαθά, τα — buono, bontà
αγάλματα τα - άγαλμα το — statua
άγαν μηδέν — niente in eccesso
αγαπάει, αγαπάς, αγαπάτε, αγαπούν, αγαπάω — amare
αγάπη η — amore
αγαπημένη η — l'amato
αγγεία τα - αγγείο το — vaso
αγγειοπλάστης ο — produttore di ceramiche
άγγελος ο — angelo, messaggero
Αγγλία η — Inghilterra
αγνός - αγνή - αγνό — puro
αγνότητα η — purezza
άγνωστα τα - άγνωστο το — sconosciuto
αγορά η — il mercato, acquisto, anche l'Agorà di Atene
αγοράζω, αγοράζει, αγοράζουμε — comprare
αγοράσαμε, αγόρασαν — abbiamo comprato, hanno comprato
αγοράσει να, αγοράσουμε να — (lui vuole) comprare
άγριος - άγρια - άγριο — selvaggio
αγρίως — selvaggiamente
αγρότης ο - αγρότισσα η — contadino, contadina
αγροτικός - αγροτική - αγροτικό — rurale, di una fattoria
αγρούς τους, αγρός ο — i campi
άγχος το — ansia, tensione
αγώνας ο, αγώνες οι — la gara, la lotta
αδελφή η, αδερφή η - αδερφές οι — sorella
αδέλφια τα - αδέρφια τα — sorelle, fratelli
αδελφός ο, αδερφός ο — fratello
Άδης ο — Ade
άδικος - άδικη - άδικο — ingiusto
Αδριανού του, Αδριανός ο — Adriano
αδύναμη - αδύναμος -αδύναμο — debole
αδύνατη - αδύνατος -αδύνατο — magro, sottile
αδύνατον ! — impossibile!
αέρας ο - Αέρα! — aria! grido di combattimento della seconda guerra mondiale
αεροδρόμιο το — aeroporto
αεροπλάνο το — aereo
αέτωμα το — frontone
αθανασία η — immortalità
αθάνατος - αθάνατη - αθάνατο — immortale (masc./ fem./ neut.)
Αθηνά η — Atena, Minerva
Αθήνα η - Αθήνας της — Atene
Αθηναϊκό το — Ateniese (neut.)
Αθηναία η - Αθηναίας της - Αθηναίες οι — Ateniese (fem.)
Αθηναίος ο - Αθηναίου του - Αθηναίοι οι - Αθηναίων των - Αθηναίους τους — Ateniese (masc.)
άθλημα το — sport
άθληση η — l'azione dell'esercitarsi
αθλητής ο - αθλητές οι — atleta
άθλιος - άθλια - άθλιο — miserabile (masc./ fem./ neut.)
άθλος ο - άθλου του - άθλοι οι - άθλους τους — lavoro faticoso
Αιγέας ο - Αιγέα του — Egeo
αίθουσα η — stanza
Αίθρα η — Etra

GLOSSARIO

αισθάνεται - αισθάνεσαι - αισθάνομαι — sentire

αίσθηση η — sensazione

αιτία η — ragione, causa

ακολουθείς - ακολουθώ — seguire

ακολούθησέ με — seguimi!

ακόμα — ancora

ακόμη — ancora

άκου / άκουσε — ascolti!

ακούγεται — può essere ascoltato

ακούω - ακούς - ακούει - ακούμε - ακούτε - ακούν — ascoltare

άκουσα - άκουσες - άκουσε - ακούσαμε - ακούσατε - άκουσαν — Ho sentito

άκρη η — il bordo

ακριβά — costosamente

ακρίβεια η — precisione (quando qualcosa è costoso)

ακριβός - ακριβή - ακριβό — costoso / costosa / costoso

ακριβώς — esattamente!

Ακρόπολη η - Ακρόπολης της — L'Acropoli

Αλέκος ο — Alex

Αλεξάνδρα η — Alessandra

Αλέξανδρε ω - Αλέξανδρος ο - Αλεξάνδρου του / Αλέξανδρου του — Alessandro

αλήθεια η - αλήθειας τη - αλήθειες οι — verità

αληθινά - αληθινή - αληθινό — reale

Αλκμήνη — Alcmena

αλκοόλ το — alcool

αλλά — ma

άλλα — altri

αλλαγή η — cambiamento

αλλάζουν - αλλάζω - να αλλάξω — cambiare

Άλλεν Γούντι — Woody Allen

άλλες - άλλη - άλλος - άλλοι - άλλους - άλλο — altro

αλλιώς — altrimenti

αλλού — qualche altra parte

άλλωστε — dopotutto, tuttavia

άλογα τα - άλογο το — cavallo

αλυσίδες οι — catene

Αμάν — Peccato!

Αμερικάνων των - Αμερικάνοι οι — Americani

Αμερική — America

αμέσως — immediatamente

αμφορείς οι - αμφορέας ο — anfore

αν — se

ανά — per

ανάβω — accendere

ανάγκη η — bisogno

ανάγλυφα τα - ανάγλυφο το — rilievo, scultura

ανάκτορα τα - ανάκτορο το — i palazzi

ανάλογα — di conseguenza

ανάμεσα — nel mezzo

αναμνήσεις οι - ανάμνηση η — memoria

άναξ ο — re

ανάποδα — sottosopra

ανατολικές - ανατολικοί - ανατολικά — dell' est (masc./ fem./ neut.)

άναψε - ανάβω - ανάψω — accendere

άνδρας ο - άνδρες οι - ανδρών των — uomo

Ανδρέας ο — Andrea

ανεξήγητα — inspiegabile, inspiegato

άνεργος - άνεργη - άνεργο — disoccupato, disoccupata, disoccupato

ανήκω - ανήκει - ανήκουν — appartenere

ανηφόρα η — salita
ανηψιός ο - ανηψιά η — nipote
ανθρώπινα τα - ανθρώπινο το — umani
άνθρωπος ο - ανθρώπου του - άνθρωποι οι - ανθρώπων των- ανθρώπους τους — persone
ανθρωπότητα η — humanitas
ανίατος - ανίατη - ανίατο — incurabile (masc./ fem./ neut.)
άνοιξε - ανοίγω — aprire
άνοιξη η — primavera
ανοιχτά — apertura (per un negozio)
ανολοκλήρωτος - ανολοκλήρωτη - ανολοκήρωτο — incompiuto, incompiuta, incompiuto
άντε — dai! hey
αντέχω - αντέχει - αντέξω — sopportare
αντιμετωπίζω - αντιμετωπίζεις - να αντιμετωπίσω — affrontare una situazione
αντίο — arrivederci
αντιφάρμακα — antidoto
άντρας ο - άντρες οι / άνδρας ο - άνδρες οι — uomo
αξίες οι - αξία η — valore
αξίζω — valerne la pena
άξιος - άξια - άξιο — degno / degna / degno
από — άπ' — da
απαγωγή η — rapimento
απάντηση η — risposta
απελπισία η — disperazione
απέναντι — attraverso
απήγαγαν - απαγάγω — rapire
απίθανος - απίθανη - απίθανο — improbabile, impossibile
απίστευτα — incredibile

απλά — semplicemente
απλός - απλή - απλό — semplice (masc./ fem./ neut.)
απλώς — appena
από — da
απόγευμα το — pomeriggio
αποδιοργανωμένος - αποδιοργανωμένη - αποδιοργανωμένο — disorganizzato / disorganizzata / disorganizzato
απόδραση η - αποδράσεις οι — fuga
αποκοιμάμαι - να αποκοιμηθώ — addormentarsi
αποκοιμήσω - να αποκοιμήσουν — far addormentare qualcuno
αποκτώ - να αποκτήσω — possedere, acquisire proprietà
Απόλλων - Απόλλωνας - του Απόλλωνα — Apollo
απολύτως — assolutamente
αποξήρανση η — drenaggio
αποτελέσματα τα — risultati
αποτελεσματικός - αποτελεσματική - αποτελεσματικό — affettivo
αποφασίζω — decidere
απόψε — stasera
απτός - απτή - απτό — tangibile (masc./ fem./ neut.)
άρα — quindi
αργά — tardi
αργώ - να αργήσω — essere in ritardo
Αργολίδα η — Argolide
αρέσω — essere simpatico
αρέσει μου — mi piace qualcosa
αρέσουν μου — mi piacciono delle cose
αρετή η — virtù
Άρης ο — Ares o Marte
αριστερά — sinistra

GLOSSARIO

Άριστον το άριστον — eccellente, perfetto

Αριστοτέλης ο — Aristotele

αρκετός - αρκετή - αρκετό — sufficente (masc./ fem./ neut.)

άρμα το - άρματα τα — carro

αρπάζω - άρπαξα - άρπαξε — afferrare

άρρωστος - άρρωστη - άρρωστο — malato / malata / malato

άρτος ο — pane consacrato

αρχαίος - αρχαία - αρχαίο — antico / antica / antico

Αρχαία τα — antichità

αρχαίοι οι - των αρχαίων — gli antichi

αρχαιολογικός - αρχαιολογική - αρχαιολογικό — archeologico / archeologica / archeologico

αρχαιότητα η — antichità

αρχάς - κατ' αρχάς — all'inizio

αρχή - κατ' αρχήν — secondo il principio

αρχίζω - να αρχίσω - να αρχίσει — iniziare

αρχιτεκτονική η — architettura

αρώματα τα - άρωμα το — aroma, profumo

ας — lasciateci

ασθενής - ασθενής - ασθενές — paziente (masc./ fem./ neut.), malato / malata / malato

Ασκληπιός ο - ω Ασκληπιέ — Asclepio

άσκηση η — esercizio

ασκός ο — borsa di Eolo

ασκώ - ασκείς - ασκεί - ασκούμε - ασκείτε - ασκούν — esercitarsi

Ασπασία η — Aspasia

άστει εν - άστυ το — città

αστυνομία η — polizia

ασφάλεια η — sicurezza

άσχετος - άσχετη - άσχετο - άσχετε ! — irrelevante! stupido! (masc./ fem./ neut.)

άσχημος - άσχημη - άσχημο — brutto, fuori forma (masc./ fem./ neut.)

άσχημα — in brutte condizioni

άτακτος - άτακτη - άτακτο — cattivo / cattiva / cattivo

ατμόσφαιρα η — atmosfera

άτομο το - άτομα τα — la persona

Αττική η — Attica

άτυχος - άτυχη - άτυχο — sfortunato / sfortunata / sfortunato

Αύγουστος ο — Agosto

αυθεντικός - αυθεντική - αυθεντικό — autentico / autentica / autentico, originale (masc./ fem./ neut.)

αυλή η — cortile, giardino

αύριο — domani

αυτός - αυτή - αυτό — lui, lei, esso

αυτοί - αυτές - αυτά — loro

αυτοκίνητο το - αυτοκίνητα τα — macchina

αυτονομία η — autonomia, indipendenza

αυτοψία η — autopsia

αφήνω - άφησε - αφήστε — lasciare andare

αφού — da allora, dopo

αφρός ο — schiuma

Αφροδίτη η — Afrodite

αφυδάτωση η — disidratazione

Αχ — Oh!

Αχέροντας — Acheronte

άχρηστος - άχρηστη - άχρηστο — inutile (masc./ fem./ neut.)

αχτίδα η — raggio

Ββ

βάζω - βάζει - βάζετε / να βάλω να βάλει να βάλετε —mettere

βαθμός ο — grado

βαθύς - βαθεία - βαθύ — profondo / profonda / profondo

βαρέλι το - βαρέλια τα — barile

βαρετός - βαρετή - βαρετό — noioso / noiosa / noioso

βαρύς - βαριά - βαρύ — pesante (masc./ fem./ neut.)

βαριέμαι — sono annoiato

βασικά — fondamentalmente

Βασιλεύς ο - Βασιλιάς ο — Re

Βάσσες οι — Bassae

βαψίματα τα — trucco / dipinti

βγάζω - βγάζετε - βγάζουν — portare fuori

βγαίνω - βγαίνεις - βγαίνει - βγαίνουμε - βγαίνετε - βγαίνουν — uscire

βγω να - βγεις να - βγούμε να — uscire, andare fuori (congiuntivo), andare a passeggio

βέβαια — sicuro

βέλος το - βέλη τα — la freccia, le freccie

βενζίνη η — benzina

Βήχας ο — tosse

βία η — violenza

βιάζομαι - βιάζεται — correre, essere di fretta

βιαστικά — frettolosamente

βιβλίο το - βιβλία τα — il libro, i libri

βιβλιοθήκη η — biblioteca

βιβλιοπώλης ο — libraio

βίος ο — vita

βιολογικός - βιολογική - βιολογικό — biologico / biologica / biologico

βλάκας ο — stupido

βλακείες οι — schiocchezze

βλέμμα το — occhiata

βλέπω - βλέπεις - βλέπει - βλέπουμε - βλέπετε - βλέπουν — vedere

βλήτα τα - βλήτο το — amaranto verde

βοηθάω / βοηθώ - βοηθάς - βοηθά - βοηθάμε - βοηθάτε - βοηθάνε / βοηθούν — aiutare

βοήθεια η — aiuto

βοήθειά σου ! — il tuo aiuto / Che Dio ti benedica

βοήθησε - βοηθήσω βοηθήσεις - βοηθήσει- βοηθήσουμε - βοηθήσετε- βοηθήσουν — aiutare (imperativo) - aiutare (congiuntivo)

βοηθός ο — assistente

βόλτα η - βόλτες οι — giro, giri

βοσκάω - βοσκάς - βοσκάει — io pascolo, tu pascoli, lui/lei/esso pascola

βότανο το - βότανα τα — erba, erbe

Βουδισμός ο — Buddismo

Βουλευτής ο - βουλευτές οι — membro del Parlamento, membri del Parlamento

Βουλευτήριο το — Parlamento

Βουλή η — Parlamento

βουνό το — montagna

βράδυ το — sera, notte

Βραχμαλόκα ο — dio Bahmalaka

βρε — ehi tu!

βρέθηκα — ho trovato me stesso

Βρετανικός - Βρετανική - Βρετανικό — Britannico / Britannica / Britannico

GLOSSARIO

βρέχει — piove, sta piovendo

βρίσκω - βρίσκεις - βρίσκει / βρήκα - βρήκες - βρήκε — Io trovo, tu trovi, lui/lei/esso trova / Io ho trovato, tu hai trovato, lui/lei/esso ha trovato

βρίσκεται - βρίσκονται — mente, è trovato, sono trovati

βρίσκονταν — sono stati trovati, erano

Βροντοφωνάζω - Βροντοφώναξα — urlare ad alta voce, gridare forte

βροχή η — pioggia

Γγ

γάλα το — latte

γαμπρός ο — lo sposo

Γατάκι το — il gattino

γαυγίζω — abbaiare

γαύρος ο — acciuga

γεγονός το — evento

γεγονότα τα — eventi

γεια — ciao

γειτονιά η — quartiere

γελάω - γέλασα — ridere, ho riso

γεμάτος - γεμάτη - γεμάτο — pieno / piena / pieno

γεμίζω - γέμισα — riempire

γενετικά — genetica

γενιά η — generazione

γεννήθηκα - γεννήθηκες - γεννήθηκε — io sono nato, tu sei nato, lui/lei/esso è nato

γέρος ο — uomo anziano

γεύμα το - γεύματα τα — pasto, pasti

γεωργία η — agricoltura

γη η — terra

Γηγενείς οι — nativi

γήπεδο το — stadio

γι' — per

για — per

Γιάννης ο — Yiannis (Giovanni)

γιαούρτι το — yogurt

γιατι — perchè

γιατί — perchè

γιατρός ο - γιατρού του - γιατρέ — il dottore, il suo dottore, dottore!

γίνω - γίνεις - γίνει - γίνουν — diventare

γίνεται — è stato realizzato, è possibile

γινόταν — era stato realizzato, era possibile

γιορτάζω - γιορτάζεις - γιορτάζει - γιορτάζουμε - γιορτάζετε - γιορτάζουν — celebrare, festeggiare

γιορτή η — celebrazione

γκρι — grigio

γκρινιάζω — brontolare

γλυκό το, γλυκά τα — il dolce, i dolci

γλυπτό το, γλυπτά τα — la scultura, le sculture

γλύπτης ο — lo scultore

γλώσσα η — lingua, linguaggio

γνώμη η — opinione

γνωρίζω - γνωρίζεις - γνωρίσω - γνωρίσεις — conoscere, conoscere (congiuntivo)

γνωρίστηκα - γνωριστήκατε — Mi sono incontrato con, vi siete incontrati con

γνώση η — conoscenza

Γνωστός - γνωστή -γνωστό — conoscente (masc./ fem./ neut.), noto / nota / noto

ΓΛΩΣΣΑΡΙΟ

γονείς οι — genitori
γοργόν — veloce
γούστο το - γούστου του - γούστα τα — gusto
γράμμα το — lettera
γράφω - γράφεις - γράφει — io scrivo, tu scrivi, lui/lei/esso scrive
γράψε — scrivi!
γρήγορα — velocemente
γρήγορος - γρήγορη - γρήγορο — veloce (masc./ fem./ neut.)

γυαλιά τα — occhiali
γυμνάζομαι - γυμνάζεσαι - γυμνάζεται — allenarsi
Γυμνάσιο το — scuola superiore
γυμναστική η — esercizio, ginnastica
γυμνός - γυμνή - γυμνό / γυμνοί - γυμνές - γυμνά — nudo / nuda / nudo
γυναίκα η - γυναίκας της - γυναίκες οι — la donna, della donna, le donne
γυρίζω - να γυρίσω — ritornare
γύρω — giro

Δδ

δαγκώνω — mordo
δαμάζω — addomestico
δάσκαλος ο — L'insegnante
δαυλός ο — torcia
δεν — non
δεδομένος - δεδομένη - δεδομένο — dato / data / dato
δω - δεις - δει - δούμε - δείτε - δουν — vedere (congiuntivo)
δείχνω — io indico, io mostro
δέκα — dieci
δεκαεφτά — diciassette
δέκατος — il decimo
δεκατρείς — tredici
Δελφοί - Δελφών - Δελφούς — Delfi, di Delfi
δεμένος - δεμένη - δεμένο — legato / legata / legato
δένω - δένεις - δένει — io lego, tu leghi, lui/lei/esso lega
δέντρο το - δέντρα τα — l'albero, gli alberi
δεξιά — destra

δέρμα το — la pelle
δεύρο — venire
Δευτέρα η — lunedì
δεύτερος - δεύτερη - δεύτερο — secondo / seconda / secondo
δέχομαι - io accetto
Δηιάνειρα η — Deianira
δηλαδή — cioè, che significa
Δήμητρα η — Demetra
δημητριακά τα — cereali
δημιουργώ - δημιουργείς - δημιουργεί — creare
δημόσιο το — il pubblico
Δήμος ο - Δήμου του — il comune, del comune
Δίας ο — Zeus
διαβάζω - διαβάζεις - διαβάζει / διάβαζα - διάβαζες - διάβαζε — leggere, sto leggendo
διάβασέ μου — leggimi
διαδεδομένος - διαδεδομένη - διαδεδομένο — diffuso / diffusa / diffuso
δίαιτα η — dieta

GLOSSARIO

διακοπές οι — vacanze, ferie

διαλέγω - διαλέγεις -διαλέγει — scegliere

διάλεξε — scegli!

διάλογος — dialogo

διαμέρισμα το - διαμερίσματα τα — appartamento, appartamenti

διαπράττω - διαπράττεις - διαπράττει — commettere

διάσημος - διάσημη - διάσημο — famoso / famosa /famoso

διαφορά η — differenza

διαφορετικός - διαφορετική - διαφορετικό — diverso / diversa / diverso

διδασκαλία η — insegnamento

διδάσκω — insegnare

δίκαιος - δίκαιη - δίκαιο — giusto / giusta / giusto

δίκαιο το — il giusto

δικαίωμα το - τα δικαιώματα — il diritto, i diritti

δικός δική δικό — suo

δίκιο — (aver) ragione

δίλημμα το — dilemma

δίνω δίνεις δίνει — dare

Διονύσια τα — Dionisie, feste del dio Dioniso

Διόνυσος ο - Διονύσου του — Dioniso, di Dioniso

δίπλα — vicino a

δίχως — senza

διψάω — essere assetato

διώχνω - διώχνεις - να διώξω - να διώξεις — scacciare, scacciare (congiuntivo)

δοκιμάζω - να δοκιμάσω — provare, provare (congiuntivo)

δοκίμασε ! — prova! (Imperativo)

δολλάριο το - δολλάρια τα — dollaro, dollari

δόντι το - δόντια τα — dente, denti

δόξα η — gloria

δουλειά η — impiego, lavoro

δουλεύω - δουλεύεις - δουλεύει - δουλεύουμε - δουλεύετε - δουλεύουν — lavorare

δράκος ο — il drago

δραπέτης ο — la fuga

δρω - να δράσω - να δράσουν — agire

δραχμή η - δραχμές οι — dracma, dracme

δρεπάνι το — la falce

δρόμος ο — la strada

δύναμη η - δυνάμεις οι — forza, le forze di

δυναμική η — dinamico

δυνατά — fortemente, ad alta voce

δυνατός - δυνατή - δυνατό — forte (masc./ fem./ neut.)

δυνατόν — possibile

δυνατότητα — abilità

δύο — due

δυσάρεστος - δυσάρεστη - δυσάρεστο — sgradevole (masc./ fem./ neut.)

δύσκολα — duro, difficile

δύσκολος - δύσκολη - δύσκολο — difficile (masc./ fem./ neut.)

δυσκολία η — difficoltà

δυτικός - δυτική - δυτικό — ovest (masc./ fem./ neut.)

δώδεκα — dodici

δωδέκατος - δωδεκάτη - δωδέκατο — dodicesimo / dodicesima / dodicesimo

δωμάτιο το — stanza

δωρεάν — gratuitamente

δώρο το — regalo

ΓΛΩΣΣΑΡΙΟ

δώσε – da' / dai

Εε

έβδομος - έβδομη - έβδομο – settimo / settima / settimo (masc./ fem./ neut.)

Εάν – se

έβαλα - έβαλες - έβαλε - βάλαμε - βάλατε - έβαλαν / βάλανε – mettere, collocare (aoristo)

εβδομάδα η – settimana

έβλεπα - έβλεπες - έβλεπε - βλέπαμε - βλέπατε - έβλεπαν/ βλέπανε – guardare (imperfetto)

έγινα - έγινες - έγινε - γίναμε - γίνατε - έγιναν / γίνανε – divenire (aoristo)

έγκλημα το – crimine

Εγκοιμητήριο το – Camera di Incubazione (nel culto di Asclepio)

έγραψα - έγραψες - έγραψε - γράψαμε - γράψατε - έγραψαν / γράψανε – scrivere (aoristo)

Εγώ – Io

έδαφος το – terra, suolo

έδειξα - έδειξες - έδειξε - δείξαμε - δείξατε - έδειξαν / δείξανε – mostrare (aoristo)

έδεσα - έδεσες - έδεσε- δέσαμε - δέσατε - έδεσαν / δέσανε – legare (aoristo)

εδώ – qui

έδωσα - έδωσες - έδωσε - δώσαμε - δώσατε - έδωσαν / δώσανε – dare (aoristo)

έθνος το - έθνη τα – nazione, popolo

Έι – Ehi là

είδα - είδες - είδε - είδαμε - είδατε - είδανε – vedere (aoristo)

ειδικός - ειδική - ειδικό – specialist

είδωλο το – idolo, simulacro

εικόνα η – immagine, icona

εικονογραφία η – iconografia

εικοσιπέντε – venticinque

Είμαι - είσαι - είναι - είμαστε - είσαστε/ είστε - είναι – essere

είπα - είπες - είπε - είπαμε - είπατε - είπαν/είπανε – dire (aoristo)

εισαγωγή η – introduzione

εισιτήριο το – biglietto (d'ingresso)

είσοδος η – entrata

είχα - είχες - είχε - είχαμε - είχατε - είχαν/ είχανε – avere (aoristo)

έκανα - έκανες - έκανε - κάναμε - κάνατε - έκαναν/ κάνανε – fare (aoristo)

εκεί – là, laggiù

εκείνος - εκείνη - εκείνο / εκείνοι - εκείνες - εκείνα – quello/ quella / quello (sing. / plur.)

έκθεμα το - εκθέματα τα – mostra, mostre

Εκκλησία η – chiesa

έκλεψα - έκλεψες - έκλεψε - κλέψαμε - κλέψατε - έκλεψαν / κλέψανε – rubare (aoristo)

εκνευρίζομαι – agitarsi, preoccuparsi

εκπαίδευση η – istruzione

εκτός – eccetto

έκφραση η – espressione

έλα ! – ehi! / vieni qui!

ελαφρύς - ελαφριά - ελαφρύ –

GLOSSARIO

leggero / leggera / leggero

Ελγίνεια τα — marmi di Elgin (dal Partenone)

Ελένη η — Elena

ελεύθερος - ελεύθερη - ελεύθερος — libero / libera / libero

ελευθερία η — libertà

ελεύθερα — liberamente

ελιά η — olivo

Ελλάδα η — l'Ellade, la Grecia

ελληνικά τα — il greco, la lingua greca

ελληνικός - ελληνική - ελληνικό — ellenico, greco (masc./ fem./ neut.)

έλος το - έλους του — palude

ελπίζω — sperare

έλυσα - έλυσες - έλυσε - λύσαμε - λύσατε - έλυσαν — risolvere (aoristo)

εμ — ehm...

έμεινα - έμεινες - έμεινε - μείναμε - μείνατε - έμειναν — rimanere (aoristo)

εμείς — noi

εγώ - εμένα — io, me

έμοιαζα - έμοιαζες - έμοιαζε — sembrava (imperfetto)

έμπορος ο — mercante, commerciante

εμπρός — avanti, di fronte

εν — in

ένα — uno

ένας - μία - ένα — uno / una / uno

εναντίον — εναντίον — contro, dirimpetto

έκτος - έκτη - έκτο — sesto / sesta / sesto

ένατος - ένατη - ένατο — nono / nona / nono

ένδειξη η - ενδείξεις οι — intorno; il termine endeixis negli scritti di Galeno / Γαληνός si riferisce al "sintomo" che il corpo sotto osservazione presenta, denota sia ciò che ha causato il suo stato attuale (di malattia) che il trattamento appropriato.

ένδυση η — abiti, vestiario

ενθουσιασμός ο — entusiasmo

ενθουσιάζομαι - ενθουσιάστηκα — sono entusiasta, galvanizzato

ενικός ο — singolare

ένιωσα - ένιωσες - ένιωσε — sentire, percepire (aoristo)

εννιά — nove

εννοώ - εννοείς - εννοεί — significare, voler dire

ενοικίαση η — noleggio

ενοίκιο το — affitto (costo)

ενοχλώ - ενοχλείς - ενοχλεί - ενοχλούμε - ενοχλείτε - ενοχλούν — disturbare

εντάξει — OK, va bene

εντέλεια η — perfezione

εντυπωσιακός - εντυπωσιακή - εντυπωσιακό — notevole, impressionante (masc./ fem./ neut.)

ενυδάτωση η — idratazione

ενώ — mentre

ενωμένος - ενωμένη - ενωμένο — unito / unita / unito

ενώνω — unire

ένωση η — unione

εξάδελφος — cugino

εξετάζω - εξέτασα — scrutare, investigare

εξηγώ - να εξηγήσω — spiegare (indicativo - congiuntivo)

εξής — dopo, successivamente

έξι — sei

εξουσία η — potere

έξυπνος - έξυπνη - έξυπνο —

ΓΛΩΣΣΑΡΙΟ

sveglio/-a, intelligente (masc./ fem./ neut.)

έξω — fuori

εντέκατος - εντεκάτη - εντέκατο — eleventh (masc./ fem./ neut.)

εξωτερικός - εξωτερική - εξωτερικό — fuori, all'aperto (maschile / femminile / neutro)

εξωτικός - εξωτική - εξωτικό — esotico (masc./ fem./ neut.)

εορτή η — festa

έπαθα - έπαθες - έπαθε - πάθαμε - πάθατε - έπαθαν — subire, soffrire (qualcosa)

επανάληψη η — ripetizione

επειδή — perché, poiché

επέκεινα — oltre

έπεσα - έπεσες - έπεσε - πέσαμε - πέσατε - έπεσαν — cadere (aoristo)

Επίδαυρος η — Epidauro

επικίνδυνα — in modo pericoloso, pericolosamente

επικίνδυνος - επικίνδυνη - επικίνδυνο — pericoloso / pericolosa / pericoloso

Επικούρειος — Epicureo

επιλογή η — scelta

Επιμένω — insistere

επίσης — anche

επιστήμη η — scienza

επιστρέφω — tornare

επιστροφή η — ritorno

επιτέλους — finalmente

επιτρέπω — permettere

επόμενος - επόμενη - επόμενο — prossimo/-a, seguente (masc./ fem./ neut.)

εποχή η — stagione, era

έργο το - έργα τα — lavoro

εργασία η — lavoro, fatica

Ερεχθέας ο — Erètteo

Ερεχθείο και Ερέχθειο — Erètteo

έρθω - έρθεις - έρθει - έρθουμε - έρθετε - έρθουν / έρθουνε — venire (congiuntivo)

έριξα - έριξες - έριξε - ρίξαμε - ρίξατε - έριξαν / ρίξανε — tirare (aoristo)

ερμηνεία η — interpretazione

Ερμής ο — Hermes, Mercurio

Ερυμάνθιος — Erimantio

Ερύμανθος ο — Erimanto

έρχομαι - έρχεσαι - έρχεται - ερχόμαστε - έρχεστε - έρχονται — andare, venire

Ερωτας ο — Eros, Amore

ερωτεύομαι - ερωτεύεσαι - ερωτεύεται - ερωτευόμαστε - ερωτεύεστε - ερωτεύονται — innamorarsi

ερωτευμένος - ερωτευμένη - ερωτευμένο — innamorato / innamorata / innamorato

ερώτηση η — domanda

εσείς - εσάς — voi

εσύ - εσένα — tu, te

Εσπερίδες οι — Esperidi

έστειλα - έστειλες - έστειλε - στείλαμε - στείλατε - έστειλαν / στείλανε — inviare, mandare (aoristo)

Εστία η — Estia, Vesta, Focolare

εστιατόριο το — ristorante

έσφιξα - έσφιξες - έσφιξε - σφίξαμε - σφίξατε - έσφιξαν — stringere

ετοιμάζω - ετοιμάζεις - ετοιμάζει - ετοιμάζουμε - ετοιμάζετε - ετοιμάζουν — preparare

έτοιμος - έτοιμη - έτοιμο — pronto / pronta / pronto

έτσι — così

ετυμολογία η — etimologia

ευγενικός - ευγενική - ευγενικό —

GLOSSARIO

gentile (masc./ fem./ neut.)

ευδαιμονία η — felicità, serenità

ευθεία η — linea retta

εύκολος - εύκολη - εύκολο — facile (masc./ fem./ neut.)

εύκολα — facilmente

ευκολία η — facilità, convenienza

ευλογημένος - ευλογημένη - ευλογημένο — fortunato / -a, felice (masc./ fem./ neut.)

εύρημα το - ευρήματα τα — scoperta, invenzione

Ευριπίδης ο — Euripide

Ευρυσθέας ο — Euristeo

ευρώ το — euro (moneta)

Ευρώπη η — Europa

ευτυχία η — fortuna, felicità

ευτυχώς — fortunatamente

εύφορος - εύφορη - εύφορο — fertile

(masc./ fem./ neut.)

ευχάριστος - ευχάριστη - ευχάριστο — gradito, piacevole (masc./ fem./ neut.)

ευχαριστώ — grazie

ευχή η — augurio

έφαγα - έφαγες - έφαγε - φάγαμε - φάγατε - έφαγαν / φάγανε — mangiare (aoristo)

έφερα - έφερες - έφερε - φέραμε - φέρατε - έφεραν / φέρανε — portare (aoristo)

έφτασα - έφτασες - έφτασε - φτάσαμε - φτάσατε - έφτασαν / φτάσανε — arrivare (aoristo)

έφυγα - έφυγες - έφυγε - φύγαμε - φύγατε - έφυγαν / φύγανε — andarsene, partire (aoristo)

έχω - έχεις - έχει - έχουμε - έχετε - έχουν / έχουνε — avere

εχθρός ο — nemico

ευγενικά — gentilmente, con gentilezza

Ζζ

ζω - ζεις - ζει - ζούμε - ζείτε - ζούν(ε) / ζήσω - ζήσεις - ζήσει - — vivere

ζεσταίνομαι — riscaldarsi, sentire caldo

ζέστη η — calore, caldo

ζεστό — caldo (aggettivo)

ζευγάρι — coppia

ζηλεύω= essere geloso/-a

Ζήνωνα — Zenone

ζητάω - ζητάς - ζητάει/ ζητά - ζητάμε - ζητάτε - ζητάνε — chiedere

ζήτω — urrà!

ζώο το - ζώα τα — animale (anche domestico)

ζωγραφιά η — dipinto, quadro

ζωή η — vita

ζωντανός — vivo

Ηη

ή — o, oppure

ήδη — già

ήθελα — volere (aoristo)

ηθοποιοί — attori

ηλεκτρισμός — elettricità

ηλεκτρονικό — elettronico

ήλιος — sole
ημέρα — giorno
ημίθεα — semidèa
ημίθεος ο — Semidio
ημουν - ήσουν - ήταν - ήμασταν - ήσασταν - ήταν — essere (aoristo)
ήπια - ήπιες - ήπιε — bere (aoristo)
Ήρα — Era
Ηρακλάκοοοο — piccolo Eracle
Ηρακλάρα — grande Eracle
Ηρακλή — Eracle, Ercole
Ηρακλή, πρόσεχε — Eracle, fa' attenzione

Ήρεμα — con calma
ήρεμος - ήρεμη - ήρεμο — calmo / calma / calmo
ήρθε — arrivare (aoristo)
Ηρόδοτος — Erodoto
ήρωας — eroe
ηρωίδες — eroine (fem. plur.)
ήσουν — essere (aoristo)
ήσυχα — serenamente, pacificamente
ησυχία — quiete
Ηφαίστου — di Efesto
ήχος ο - του ήχου — suono
ηχώ ή - της ηχούς — eco

Θθ

θα — volere (particella usata per formare il futuro)
θάλασσα η — mare
θαλασσινό — marino (aggettivo)
θανάσιμος - θανάσιμη - θανάσιμο — letale
θάνατος ο — morte
θάρρος το — coraggio
θεά η — dèa
θέα η — vista
θεάματα τα — spettacoli
θέατρο το — teatro
θεέ — dio! (vocativo)
θεία η - της θείας - οι θείες - των θείων — zia
θείος ο - του θείου - τον θείο - ω θείε — zio
ήθελα - ήθελες - ήθελε - θέλαμε - θέλατε - θέλανε — volere (aoristo)
θέλω - θέλεις - θέλει - θέλουμε - θέλετε - θέλουνε — volere

Θεμιστοκλής — Temistocle
θεός ο — dio
θεραπεία η — cura, terapia
θεραπεύει — curare
Θεραπευόμενος ο — il sanato
θεραπευτής ο — terapeuta
θερμοκρασία η — temperatura
θερμόμετρο το — termometro
θέση η — posizione
Θεσσαλονίκη — Salonicco
θετός - θετή - θετό — adottivo / adottiva /adottivo
θεώ — a Dio (dativo)
θεωρώ — credere, immaginare
Θήβα η — Tebe
θηρίο το - θηρία τα — bestia, animale selvatico
Θησέας — Teseo
Θησείο — Thissio (quartiere di Atene)
θλίβομαι — contristarsi, essere in lutto

GLOSSARIO

θλίψη η — tristezza, dolore
θνητός - θνητή - θνητό — mortale
Θόρυβος ο — rumore
θρησκεία η — religione
θρησκευόμενος - θρησκευόμενη - θρησκευόμενο — religioso / religiosa / religioso
θρόνος ο — trono
θύμα το — vittima
θυμάμαι — ricordare

Ιι

ιάσιμος - ιάσιμη - ιάσιμο — curabile
ιατρός ο, η — medico
ιδέα η — idea
ιδεολόγημα το — ideologia
ίδια — la stessa (fem. sing.)
ιδιαίτερα τα — lezioni private
ιδιαίτερη — speciale (fem. sing.)
ιδιαίτερο — speciale (neut. sing.)
ιδιαιτέρως — specialmente, particolarmente
ίδιος — lo stesso (masc. sing.)
ιδιωτικός - ιδιωτική - ιδιωτικό — privato / privata / privato
ιερέας ο — sacerdote
ιερό το — santuario
ιεροφάντης ο — ierofante
Ίκαρος — Icaro
Ιλιάδα — Iliade
ιμάτιον το — mantello
ίντερνετ — internet
Ιξέλ — Ixel
Ιόλαος — Iolao
Ιούνιος — Giugno
ίσα — ugualmente
ισάξιες — uguale (fem.)
Ισπανία — Spagna
Ισπανικών — Spagnolo
ιστορία η — storia
ιστορικό το — cartella medica
ισχύω — applicare, avere effetto
ίσως — forse

Κκ

κάβουρας ο — granchio
καημένε — povero
καθαρά — chiaramente (avverbio)
καθαρίζω - καθαρίζεις - καθαρίζει — pulire
καθαρίζομαι — mi pulisco, mi lavo
καθαρός - καθαρή - καθαρό — pulito / pulita / pulito (aggettivo)
κάθε — ogni
καθένας - καθεμία - καθένα — ogni (masc./ fem./ neut.)
καθηγητής - καθηγήτρια — professore, insegnante
καθήκον το — dovere (sostantivo)

231

ΓΛΩΣΣΑΡΙΟ

καθιερωμένη — stabilita
καθίσουμε — sedersi (congiuntivo)
καθόλου — per nulla
κάθομαι — sedersi
καθυστερήσει — essere in ritardo
καθώς — intanto
και — e
καινούριος - καινούρια - καινούριο — nuovo / nuova / nuovo
καιρός ο — tempo (atmosferico)
καίω - καις - καίει - καίμε - καίτε - καίνε — bruciare
κακά τα — cacca
κακός - κακή - κακό — cattivo / cattiva / cattivo
κακία η — vizio
καλά — bene (avverbio)
καλώ — chiamare
καλή — buona (fem. sing.)
καλός - καλέ — buono (masc.)
καλημέρα — buongiorno
καληνύχτα — buona notte
καλησπέρα — buon pomeriggio
καλλιεργώ — coltivare
Καλλιμάρμαρο — Stadio Panatenaico
καλός / καλοί - καλή / καλές - καλό / καλά — buono / buona / buono
καλοθρεμμένο — ben nutrito
καλοκαίρι το — estate
καλύτερα — meglio (avverbio)
καλύτερος - καλύτερη - καλύτερο — migliore (masc./ fem./ neut.)
κανένας/ κανείς - καμία - κανένα — nessuno / nessuna / nessuno
έκανα - έκανες - έκανε — ho / hai / ha fatto
κάναμε - κάνατε - έκαναν — abbiamo / avete / hanno fatto

κάνε — fa'! (imperativo)
κάνω — fare
κανονικά — regolarmente (avverbio)
κανονικός - κανονική - κανονικό — canonico, regolare (masc./ fem./ neut.)
καπέλο το — cappello
καπνός ο — fumo
κάποιος - κάποια - κάποιο — qualcuno (masc./ fem./ neut.)
κάπου — da qualche parte
κάπρος ο — cinghiale
κάρα η — teschio (sacro)
καράβι το — nave, traghetto
καρδιά η — cuore
καρπός ο — frutto
Καρυάτιδα η — Cariatide
Καρυές — Karyae, antica città presso Sparta
κατά την / τον / το — secondo, contro
καταγράφω — registrare, tener conto
καταγωγή η — origine, ascendenza
κατάλαβα - κατάλαβες — capire (aoristo)
Καταλαβαίνω — capire
καταλάβει - καταλάβουν — capire (congiuntivo)
Κατάλογος ο — menù, catalogo
κατανάλωση η — consumazione
καταναλωτής ο, η — consumatore
καταπίνω — inghiottire
καταραμένος - καταραμένη - καταραμένο — maledetto / maledetta / maledetto
κατάσταση η — condizione, situazione
κατάστημα το — negozio
καταστρέφω — distruggere
καταστροφή η — distruzione
κατάφερα - κατάφερες - κατάφερε

GLOSSARIO

- καταφέραμε - καταφέρατε - κατάφεραν — riuscire (aoristo)
κατεψυγμένος - καταψυγμένη - καταψυγμένο — gelato / gelata / gelato
κατηγορία η — accusa
κατήγορος ο, η — accusatore, pubblico ministero
κατηγορώ — accusare
κατηφόρα η — giù, a scendere
κάτι — qualcosa
Κατοικία η — residenza
κάτσω να - κάτσουμε να — sedersi (congiuntivo di κάθομαι)
κάτω — giù, sotto
καφές ο / καφέ το — caffè, caffetteria
κάψω να - κάψεις να - κάψει να - κάψουμε να — bruciare (congiuntivo di καίω)
κενός - κενή - κενό — vuoto / vuota / vuoto
Κένταυρος — Centauro
κεντρικός - κεντρική - κεντρικό — centrale (masc./ fem./ neut.)
κέντρο το — centro
Κεραμεικός ο — Ceramico, quartiere di Atene
κεραυνός ο — fulmine
Κέρβερος ο — Cerbero
κερδίζω - κερδίζεις - κερδίζει - κερδίζουμε - κερδίζετε - κερδίζουν — vincere
κεφάλι το — testa
κεφτεδάκι το — polpetta
κήπος ο — giardino
κι — και + vocale — e
κιλό το — chilo
κινδυνεύω — essere in pericolo
κινηθώ - κινούμαι — muoversi (congiuntivo di κινούμαι)
κινηματογράφος ο — σινεμά το — cinema
κινητό το — cellulare
κλαίω — piangere
κλασική — classica (fem. sing.)
κλέβω — rubare - aoristo : έκλεψα - κλέψανε
κλειδώνω — chiudere (a chiave)
κλείνω — chiudere, spegnere
κλέφτης ο — ladro
κλέψω — rubare (congiuntivo di κλέβω)
κλιματική αλλαγή — cambiamento climatico
κλίμα το - κλίματος του — clima
κλοπή η — furto, rapina
ΚΛΠ — eccetera (scritto anche: και λοιπά / και τα λοιπά / κτλ)
κόβω - κόβεις - κόβει - κόβουμε - κόβετε - κόβουν(ε) — tagliare
κοιμάμαι — dormire
κοιμήθηκα - Κοιμήθηκες — aver dormito (aoristo)
κοιμόμουν — stavo dormendo (imperfetto durativo)
κοινά — bene comune, affari pubblici
Κοίταζε — guardava (imperfetto)
κοιτάω - κοιτάς - κοιτάει - κοιτάμε - κοιτάτε - κοιτάνε — guardare
κοίταξε ! — guarda! (imperativo)
κοκακόλα η — coca-cola
κόκκινος - κόκκινη - κόκκινο — rosso / rossa / rosso
κολιός ο — sgombro (pesce)
κολλητά — compattamente (avverbio), troppo stretto (aggettivo)
κολοκυθάκια τα — zucchine

ΓΛΩΣΣΑΡΙΟ

κόλπο το — trucco
κολώνα η - κολώνες οι — colonna, colonne
κομμάτι το — pezzo
κομμάτια (τα) — pezzi / a pezzi (per la stanchezza)
Κομφούκιος ο — ο φιλόσοφος — Confucio (il filosofo)
κοντά — vicino, nelle vicinanze
κοντεύω — essere nei pressi, essere quasi arrivati
κόπος ο — fatica, lotta
Κόρινθος η — Corinto
κορίτσι το — ragazza
κορμί το — corpo
κορμοστασιά η — posa, postura, corporatura
κόσμος ο — mondo
κοστίζω — costare
κουβέντες — conversazioni
κουζίνα η — cucina
κούκλα η — bambola, donna attraente
κουλούρι το — bagel, simit (tipo di pane)
κουλτούρα η — cultura, civiltà
κουνούπι το — zanzara
κουράγιο το — coraggio
κουράζω — affaticare

κούραση η — fatica
κουρασμένος — stanco
κουράστηκα — essere stanco (aoristo)
κόψω — congiuntivo di κόβω — tagliare
κρασί το — vino
κρατάω — tenere, mantenere
κράτη — stati, Paesi
κρέας το — carne
κρεατοφάγος η, ο — carnivoro
κρεβάτι το — letto
κρεμμύδι το — cipolla
κρίμα — pietà, peccato! / che peccato!
κριτική η — critica, recensione
κρύβεται - κρύβομαι — nascondere
κρύο το — freddo
κρυφά — segretamente
κρύφτηκε — nascondere (aoristo)
κρυώνω — sentire freddo
κτήριο το — edificio
κύκνος ο — cigno
κυνηγάω — cacciare, dare la caccia a
κυνήγησες — hai cacciato
Κυρία — Signora, Sig.ra
Κυριακή — Domenica
Κύριε — Signor, Sig. (vocativo)
κύριο — principale
κυρίως — principalmente

Λλ

λάδι το — olio
λάθη τα - λάθος το — errore

Μμ

μα — ma

λυπημένη — triste
λύση — soluzione

μαγαζί το - μαγαζιά τα — bottega,

GLOSSARIO

negozio, magazzino
μαγειρεύω — cucinare
μας — noi, ci
μάγια τα — magie
μαγικό το — magico
μαζεμένος - μαζεμένη - μαζεμένο — ordinato / ordinata / ordinato
μαζεύω - μαζέψω — raccogliere, ordinare
μαζί — insieme
μαθαίνω - μάθω να — apprendere
μάθημα το - μαθήματα τα — lezione, lezioni
μαθηματικών — matematica
μαθητής ο - μαθήτρια η — studente, studentessa
μαινόμενος — furioso
μακιγιάζ το — trucco, cosmetici
μακριά — via, lontano
μαλάκας ο — stronzo, cretino
μαλθακός - μαλθακή - μαλθακό — molle (masc./ fem./ neut.)
μάλιστα — certo, certamente
μαλλιά τα — capelli
μάλλον — piuttosto, forse
μαμά η — mamma
μανδύας ο — cappa, mantello
μανία η — mania
Μαντείο το — Oracolo
μάντης ο — indovino, veggente
Μαρία η — Maria
Μαρίζα — Marisa
Μάρμαρα τα — i marmi del Partenone
μάρμαρο το — marmo
ματαίως — invano
μάτι το - μάτια τα — occhio, occhi
μαύρος - μαύρη - μαύρο — nero / nera / nero
μάχη η — battaglia
με — con
μεγάλος / Μέγας - μεγάλη - μεγάλο — grande (masc./ fem./ neut.)
μεγαλύτερη — più grande (fem.)
μεγαλώνω - μεγάλωσα — crescere
Μεγάρα η — Megara
μέγεθος το — grandezza, dimensioni
μεζές ο - μεζέδες οι — antipasti
μεθάω — ubriacarsi
μέιλ το — email
μένω — abitare, soggiornare
μείξη η — miscuglio
μειώνω — ridurre
μελαγχολώ — sono depresso/ sono depressa
Μελέαγρος — Meleagro
μελετημένη — colta, dotta (fem.)
μέλι το — miele
μέλλον το — futuro
μένα — me
Μενελάου — di Menelao
μενού το — menu
μέντιουμ το — sensitivo, medium
Μέντορας ο — Mentore
μέρα η — giorno
μερίδα η — parte, porzione
μερικός - μερική - μερικό — qualche (masc./ fem./ neut.)
μέσα — dentro
μέση η — mezzo, medio, girovita
μεσημέρι το — mezzogiorno, mezzodì
μεσογειακός - μεσογειακή - μεσογειακό — mediterraneo / mediterranea / mediterraneo
Μεσόγειος η — il Mar Mediterraneo

ΓΛΩΣΣΑΡΙΟ

μετά – dopo
μεταφορά η – trasporto, metafora
μεταφυσικά – metafisicamente
μετρήσω – contare
μετρό το – metropolitana
μέτρο το – metro
Μέτρον το – Metron
μέχρι – fino a
μη / μην – non (con l'imperativo)
μηδέν – zero
μήλο το – mela
μήπως – forse
μητέρα η – madre
μητριά η – matrigna
μητρικός - μητρική - μητρικό – della madre (masc./ fem./ neut.)
μηχάνημα το – macchina
μία - μια – una (fem.)
μικρός - μικρή - μικρό – piccolo / piccola / piccolo
μικρότερη – più piccola (fem.)
μιλάω - μίλησα – parlare (presente - aoristo)
μισώ - μισείς - μισεί – odiare
μισός - μισή - μισό – metà
μμμμ – ehmm...
μνημείο το – monumento
μόδα η – moda
μοιάζω - μοιάζεις - μοιάζει – sembrare, apparire, assomigliare
μόλις – appena (in senso temporale)
Μοναστηράκι το – Monastiraki (quartiere di Atene)
μονάχα – soltanto
μόνος - μόνη - μόνο – solo / sola / solo
μονοκατοικίες – villette

μόνο(ν) – soltanto
μονομάχησα – combattere da soli
μονομαχία η – duello
μοντέρνα – moderna (fem.)
μου – mio / mia
μουντός - μουντή - μουντό – offuscato, coperto, caliginoso (masc./ fem./ neut.)
μουσείο το – museo
Μούσα η – Musa
μουσική – musica
μουσικός - μουσική - μουσικό – musicale (masc./ fem./ neut.)
μπα – nah (colloquiale)
μπαλκόνι το – balcone
ΜΠΑΜ – BOOM
μπαμπάς ο – papà
μπανάνα η – banana
μπάνιο το – bagno, doccia, nuotata
μπαίνω - να μπω - μπείτε - μπήκα – entrare
μπερδεμένα – confuso
μπερδεύω - μπέρδεψα – confondere
Μπίνγκο – Bingo
μπισκότο το – biscotto
μπλε – blu
μπλούζα η – camicia
μπλουζάκι το – maglietta
μπορεί – forse
μπορώ – posso
μπράβο – bravo!
μπράτσο το – braccio, muscolo
μπροστά – di fronte a
μυαλό το – cervello
μυαλωμένος – sagace, saggio
μυθολογία η – mitologia

GLOSSARIO

μύθος ο — mito
Μυκήνες οι — Micene
μυρίζω — odorare
μυστήριο το — mistero

μυστικό το — segreto
μωλ το — centro commerciale
μωρή — bebè (epiteto offensivo per una donna)
μωρό το — bebè

Νν

να — per, che
νά — Qui! (deittico)
ναι — sì
ναός ο — tempio
νέα τα — notizie
νεκρός - νεκρή - νεκρό — morto / morta / morto
Νεμέα η — Nemea
νέος - νέα - νέο — giovane, nuovo (masc./ fem./ neut.)
νερό το — acqua
Νέσσος ο — Nesso
νεύρα τα — nervi, rabbia
νησί το — isola
νικάω - νίκησα — vincere
νόημα το — senso, significato
νομίζω — penso di sì, sono d'accordo

νόμιμος - νόμιμη - νόμιμο — legale, legittimo (masc./ fem./ neut.)
νόμος ο — legge
Νοσοκόμα η — Infermiera
νοσοκομείο το — ospedale
νόστιμος - νόστιμη - νόστιμο — gustoso / gustosa / gustoso
νους ο — mente
νούμερο το — numero
ντομάτα η — pomodoro
ντουβάρι το — muro, stupido
ντροπή η — vergogna
ντυμένος - ντυμένη - ντυμένο — vestito / vestita / vestito
ντύνομαι — vestirsi, travestirsi
νύφη η — sposa
νύχτα η — notte
νωρίς — presto

Ξξ

ξάδελφος ο — cugino (masc.)
ξανα-αλλάζω — cambiare di nuovo
ξανακολλάω - ξανακολλήσω — incollare di nuovo, riunire
ξεκινάω — cominciare
ξεκούραση η — tempo libero, relax
ξένη - ξένος - ξένο — straniero / straniera / straniero
Ξένιος — Zeus dell'ospitalità
ξενιτειά η — emigrazione
ξεριζωμός ο — sradicamento, migrazione
ξεροσφύρι το — a secco (consumare bevande alcoliche a stomaco vuoto)

ΓΛΩΣΣΑΡΙΟ

ξέρω – conoscere
ξεφυσάω – gonfiare, lasciare senza fiato
ξεχνάω - ξέχασα – dimenticare
ξεχωρίζω – separare, spiccare
ξημέρωμα το – alba
ξημέρωσε! – è l'alba di un nuovo giorno!
ξύλα τα – legno
ξύπνα ! – svegliati! (Imperativo)
ξυπνάω – svegliarsi
ξύπνημα το – risveglio

Οο

ο – il, lo (masc.)
ό,τι – qualsiasi cosa
ο,τιδήποτε – qualsiasi cosa
Οβίδιος ο – Ovidio
όγδοος - όγδοη - όγδοο – ottavo
οδηγώ – guidare
Οδυσσέας ο – Odisseo, Ulisse
Οδύσσεια η – l'Odissea
οθόνη η – schermo
οι – i, gli, le (fem. o masc. plur.)
οίδα – sapere, conoscere
οικίσκος ο – casetta, ritiro
οικογένεια η – famiglia
οικονομία η – economia
οίκος ο – casa
οκτάωρη - οκτάωρος - οκτάωρο – otto ore (lavorative)
όλα – tutto
ολόκληρος - ολόκληρη - ολόκληρο – intero / intera / intero
ολοκλήρωση – integrazione, completamento
ολομόναχος - ολομόναχη - ολομόναχο – tutto solo (masc./ fem./ neut.)
Ολυμπιακοί Αγώνες – Olimpiadi
Όλυμπος ο – Olimpo
όμορφη – bella (fem.)
όμως – ma, però
όνειρο το – sogno
όνομα το – nome
οπ – oops
όπα ! – wow ! / grande ! (espressione colloquiale di entusiasmo)
όπλο το – arma, pistola
οποίος - οποία - οποίο – quale (masc./ fem./ neut.)
όποιος - όποια - όποιο – qualsiasi, qualunque (masc./ fem./ neut.)
όποτε – quando che sia, in qualsiasi momento
όπου – dove che sia, dovunque
οπωροπωλείο το – negozio di frutta e vordura
οπωροπώλης ο – fruttivendolo
όπως – come
οπωσδήποτε – comunque, ad ogni modo
οργανώνω – organizzare
οργή η – rabbia, ira
ορεκτικά τα – antipasti
όρεξη η – appetito
ορίζω – definire, porre
όριο το – limite
όρισε – definisci, nomina (imperativo)
ορίστε ! – ecco qua! (deittico, anche

GLOSSARIO

usato per rispondere al telefono)
όροφος - όμορφη - όμορφο — bello / bella / bello
όσο — tanto quanto
όταν — quando
ότι — che
ουδέν — nessuno, niente

ουρά η — coda
ουρανός ο — cielo
ουρλιάζω — urlare
ουστ —sssh!
ούτε — nemmeno, neanche
ουφ — ah (esclamazione di sollievo)
όχι — no

Ππ

παγίδευσα - παγιδεύω — intrappolare
Παγκράτι το — Pankrati - quartiere di Atene
πάω - πας - πάει - πάμε - πάτε - πάν(ε) — andare
παζάρι το — bazar
πάθω - παθαίνω — soffrire, patire, sopportare
πάθος το - πάθη τα — sofferenza, passione
παιδαγωγός ο — maestro, insegnante, pedagogo
παιδί το — bambino
παίζω - να παίξω — giocare
παίρνω — prendere
παιχνίδι το — giocattolo
παλάτι το — palazzo
παλεύω — lottare, combattere
Πάλι — di nuovo
Παντρεύτηκα — mi sono sposato
πάμε ! — andiamo!
πάλη η — lotta, combattimento
παλιός -παλιά -παλιό — vecchio / vecchia / vecchio
παλιόπαιδο — bambino cattivo (παλιο - prefisso usato per denotare ostilità)
παλιοκάβουρα — granchio cattivo

(παλιο - prefisso usato per denotare ostilità)
παλιο-Ύδρα — Idra cattiva sporco - piccolo Granchio, Idra
πάντα — sempre
παράδειγμα το — esempio
παρακαλώ — per favore
παράλογος - παράλογη - παράλογο — irrazionale
παραπάνω — sopra
Πάρης ο — Paride
παλιά — vecchi tempi
παλιός - παλιά - παλιό — vecchio / vecchia / vecchio
παλληκάρι το — tipo, ragazzo, giovanotto
παμφάγος ο — onnivoro
Παναγία η — la Vergine Maria
πανέμορφη — bellissima, splendida
πανί το — stoffa, tessuto
παντελόνι το — pantaloni
παντού — dovunque, dappertutto
παντρεμένος - παντρεμένη - παντρεμένο — sposato / sposata / sposato
παντρεύομαι — sposarsi
πάντως — comunque

ΓΛΩΣΣΑΡΙΟ

πάνω – su
παπα – oh no
παπούτσι το - παπούτσια τα – scarpe
παραγγέλνω – ordinare
παραγγελία η – ordine
παραγωγή η – produzione
παραγωγικότητα η – produttività
Παράδεισος ο – Paradiso
παράδοση η – consegna, tradizione
παραείναι – restare, rimanere
παρακάτω – più in giù
παράλληλα – lungo (preposizione)
παραμυθάς ο – narratore, contastorie
παραμύθια τα – favole
παράνομος - παράνομη - παράνομο – illegale (masc./ fem./ neut.)
παραπονιέμαι – lamentarsi
Παρασκευή – venerdì
παράσταση η – spettacolo, esibizione
παρατσούκλι το – nomignolo, soprannome
παραψυχολογία – parapsicologia
πάρε! – ecco a te! prendi! (imperativo)
παρέα η – compagnia, gruppo di amici
παίρνω - να πάρω - να πάρουμε – prendere
παρελθόν το – passato
Παρθενώνας ο – Partenone
πάρκο το – parco
παρουσία η – presenza
παρουσιάζω - να παρουσιάσω – presentare, mostrare
πας - πάσα - παν – ogni (masc./ fem./ neut.)
Πάσχα το – Pasqua
πατάτα η / πατάτες – patata
πατέρας ο – padre

πατρίδα η – paese d'origine
πάτωμα το – pavimento
πάω - πάτε – andare
πεθαίνω – morire
πεθαμένος - πεθαμένη - πεθαμένο – morto / morta / morto
πέθανε – morì (aoristo)
πει – dire
πεινάω - πεινάς - πεινάει – aver fame
πείνασα – avevo fame
Πειραιάς ο – Pireo
πεις – dici
Πελοπόννησος η – Peloponneso
Πέμπτη η – giovedì, la quinta
πέντε – cinque
πέπλο το – velo
πέρα – oltre
πέμπτος - πέμπτη - πέμπτο – quinto / quinta / quinto
περνάω - περνάει - να περάσω – passare
περιγραφή η – descrizione
περιγράφω – descrivere
περίεργος - περίεργη - περίεργο – strano / strana / strano
Περικλής – Pericle
περίμενε! – aspetta! (imperativo)
περιμένω – aspettare, attendere
περιοχή η – regione, zona
περίπου – circa, più o meno
περίπτωση η – caso
περισσότερος - περισσότερη - περισσότερο – maggiore, di più (masc./ fem./ neut.)
περίτεχνος - περίτεχνη - περίτεχνο – elaborato / elaborata / elaborato
περπατάω – camminare
Περσεφόνη η – Persefone

GLOSSARIO

πες — di' (imperativo)

πέφτω - να πέσω — cadere

πετάω — volare

πήγαινε — va' (imperativo)

πηγαίνω — andare

πήγα - πήγες - πήγε — andai - andasti - andò (aoristo di πηγαίνω — andare)

πηγή η — fonte

πήρα - πήρες - πήρε — presi - prendesti - prese (aoristo di παίρνω — prendere)

πια — più (non più)

πιάτο το — piatto

πίνω - πίνεις - πίνει - πίνουν - να πιω - να πιεις - να πιούμε - να πιείτε — bere

πιθάρι το — vaso, recipiente, pithos

πιο — più

πιστεύω - πίστεψε — credere

πίσω — dietro

πίτα η — focaccia, pita

Πιτθέας ο — Pitea, nonno di Teseo

Πιτυοκάμπτης ο — Sini, Perigune (il Curvatore di Pini)

πλαστικός - πλαστική - πλαστικό — plastico, di plastica (masc./ fem./ neut.)

πλάτανος ο — platano

πλένομαι - πλένεσαι - πλένεται - πλενόμαστε - πλένεστε - πλένονται — lavarsi

πλένω — lavare

πλευρά η — lato

πληθυντικός ο — plurale

πληρώνω — pagare

πλοίο το — nave

Πνύκα η — Pnice, collina di Atene dove anticamente si tenevano le riunioni dell'Assemblea

πόδι το — piede

ποζάρει — porre, collocare

ποια - ποιος - ποιο — quale? (masc./ fem./ neut.)

ποιητής ο - ποιήτρια η — poeta (masc./ fem.)

Ποικίλη Στοά η — Stoa Pecile, o Portico Dipinto, nell'antica Atene

ποικιλία η — antipasto, varietà

ποιότητα η — qualità

πόλη η — città

πολεμώ - πολεμάς — combattere

πόλεμος ο — guerra

πολιτισμός ο — cultura, civiltà

πολλά — molti, tanti

πολύ — molto, tanto (avverbio)

πολυκατοικία η — palazzo

πολύς - πολλή - πολύ — molto, tanto (masc./ fem./ neut.)

πολύσαρκος — caloroso

πολυτέλεια η — lusso

πολύχρωμος - πολύχρωμη - πολύχρωμο — colorato / colorata / colorato

πονάω — mi fa male, sento dolore

πόνος ο — dolore

πονοκέφαλος ο — mal di testa

πόρτα η — porta, portone

πορτοκάλι το — arancia

πόσος - πόση - πόσο — quanto? (masc./ fem./ neut.)

Ποσειδώνας ο — Posidone, Nettuno

ποτό το - ποτά τα — bibita

ποταμός ο — fiume

ποτέ — mai, non mai

πότε ; — Quando?

ποτοαπαγόρευση η — divieto

που — che

πού ; — dove?

ΓΛΩΣΣΑΡΙΟ

πουθενά — da nessuna parte
πουκάμισο το — camicia
πουλάω — vendere
πουλί το — uccello
πω - πούμε — dire (congiuntivo di λέω — dire)
πουρές ο — purè di patate
πράγμα το - των πραγμάτων — cosa, cose
πραγματικότητα η — realtà
πρακτική η — pratica
πραμάτεια η — merci, mercanzia
πράσινος - πράσινη - πράσινο — verde (masc./ fem./ neut.)
πρέπει — bisogna, occorre (impersonale)
πριν — prima
πρόβατο το — pecora
προβλέπω — predire
πρόβλημα το — problema
προδίδω — tradire
προέρχομαι — arrivare, venire da
προϊόν το — prodotto
προκαλώ — sfidare
Προκρούστης ο — Procruste, bandito ateniese ucciso da Teseo
προκύπτω — emergere, comparire
προς — verso
πρόοδος η — progresso

προσεκτικά — attentamente, con cura, con cautela
προσοχή — cautela
πρόσχαρη — felice, delizioso
πρόσωπο το — faccia
πρόταση η — proposta
προτείνω — proporre, suggerire
προτιμώ — preferire
προχτές — l'altro ieri
προχωράω — andare oltre, passare oltre
πρωί το — mattina
πρωινό το — colazione
πρώτα — le prime cose (neut. plur.)
πρώτη — prima (fem. sing.)
Πυθία η — Pizia
πυκνός - πυκνή - πυκνό — denso / densa / denso
πύλη η - πύλες οι — porte, portali
πυρετός ο — febbre
πυρωμένος - πυρωμένη - πυρωμένο — calcinato / calcinata / calcinato
πφφφφ — umpf
πω — wow! pazzesco! (con entusiasmo o afflizione)
πωλητής - πωλήτρια — venditore, venditrice
πως — che, come
πώς ; — come?

Ρρ

ρε — interiezione colloquiale, spesso amichevole, per rivolgersi sia a uomini sia a donne
ρέστα τα — resto (in denaro)
ρετιρέ το — attico

ρητά — esplicitamente
ρίζα η — radice
ρίχνω - να ρίξω — tirare, lanciare
ρόλος ο — ruolo

ρόπαλο το — mazza
ρούχο το - ρούχα τα — abiti, vestiti

ροχαλητό το — il russare

Σσ

Σάββατο το — Sabato
σαγανάκι το — formaggio fritto
σάντουιτς το — panino, sandwich
σας — vostro
σε — in
σειρά η — serie, ordine, sequenza
σειρήνα η — sirena
σέλφι η — selfie
σεμνά — modestamente
σένα — te, a te
Σεπτέμβριος — settembre
σερβιτόρος - σερβιτόρα — cameriere - cameriera
σηκώνω — sollevare
σημαίνω — significare
σημαντική — importante (fem.)
σημασία η — importanza, significato
σήμερα — oggi
σημερινή — di oggi, odierna (fem.)
Σία — Sia (diminutivo di Aspasia)
σιγά - σιγά — lentamente, con calma
σιγουριά η — sicurezza, fiducia
σίγουρος - σίγουρη - σίγουρο — sicuro / sicura / sicuro
σίδερο το - σίδερα τα — ferro - carcere
σιέστα η — siesta, pisolino
σινεμά το — cinema
σκάω - να σκάσω — scoppiare, esplodere
σκέτος - σκέτη - σκέτο — semplice (masc./ fem./ neut.)

σκεύος το - σκεύη τα — utensile, recipiente
σκέφτομαι — pensare, riflettere
σκέψη η — pensiero
σκηνοθέτης ο — direttore
Σκίρωνας ο — Scirone, ladro corinzio ucciso da Teseo
σκίζω - να σκίσω — rompere, lacerare
σκοντάφτω — inciampare
σκοπός ο — scopo, obiettivo
σκόρδο το — aglio
σκοτάδι το — oscurità
σκυλί το — cane
σου — tuo (possessivo)
σουβλάκι το — souvlaki
σουπερμάρκετ το — supermercato
σουσάμι το — sesamo
σοφία η — saggezza
Σοφία η — Sofia (nome proprio)
σοφός - σοφή - σοφό — saggio / saggia / saggio
σπανάκι το — spinaci
σπανακόπιτα η — torta di spinaci
σπίτι το — casa
σταυρός ο — croce
στέκομαι - στέκεται — stare in piedi
στέλνω - στέλνει — mandare
στενοχωρημένη — triste (fem.)
στην — alla (fem.)
στιγμή η — momento
στο — allo (neut.)

ΓΛΩΣΣΑΡΙΟ

Στοά η — Stoa
στολίδι το - στολίδια τα — ornamento, ornamenti
στόμα το - στόματα τα — bocca
στομάχι το — stomaco
στον — allo (masc. sing.)
στους — ai, agli (masc. plur.)
στρατηγική η — strategia
στρατιώτης ο — soldato
στρογγυλός - στρογγυλή - στρογγυλό — circolare, rotondo (masc./ fem./ neut.)
συγγενείς οι — parenti
συγγνώμη — scusa, scusi
σύγχρονος - σύγχρονη - σύγχρονο — moderno / moderna / moderno
συγχωρώ - συγχωρείς - συγχωρεί — perdonare
συζητάω - συζητάς - συζητάει — discutere
σύκα τα — fichi
συμβαίνει — accadere, succedere
σύμβολο το — simbolo
συμβουλή η — consiglio
συμπτώματα τα — sintomi
σύμφωνα με — secondo (preposizione)
συμφωνώ — concordare, essere d'accordo
συνοικισμός ο — accordo
συναυλία η — concerto
συνάχι το — raffreddore, catarro, febbre da fieno
συνδυάζεται — combinare
συνέρχομαι - να συνέλθω — unirsi, venire insieme
συνέπεια η — conseguenza

συνέχεια — tutto il tempo, con continuità
συνεχίζω — continuare
συνεχώς — costantemente
συνηθίζω — abituarsi
συνηθισμένος - συνηθισμένη - συνηθισμένο — usuale, consueto (masc./ fem./ neut.)
συνήθως — di solito
συννεφιά η — tempo nuvoloso
συνοδεύω — accompagnare
συνοικία η — quartiere
συνταγή η — ricetta
σύνταξη η — pensione
συντομότερο — prima, più presto
συντροφιά η — compagnia
συσκευή η — congegno
συχνά — spesso
σφίξιμο το — fissaggio, serraggio
σχεδιάζω — pianificare
σχέδιο το — piano
σχεδόν — quasi
σχέση η — relazione
σχιστό το — taglio, fessura
σχολείο το — scuola
Σωκράτης ο — Socrate
σώμα το — corpo
σώσε ! — salva! (imperativo)
σώζω — salvare
σωστά — corretto / correttamente
σωστή - σωστός - σωστό — corretto / corretta / corretto
σώφρων — prudente, saggio (masc./ fem./ neut.)

Τ τ

Τα — i, gli, le (neut. plur.)

ταβέρνα η — taverna, bar

ταινία η — film

τακτοποιημένα — ordinato, lindo

τάξη η — ordine

ταξί το — taxi

ταξιδεμένος - ταξιδεμένη - ταξιδεμένο — trafficato / trafficata / trafficato

ταξίδι το — viaggio

ταράτσα η — terrazza

τάχα — presumibilmente, apparentemente

ταχύτητα η — velocità

τείχος το - τείχη τα — mura

Τέλεια — perfetto

τελειώνω — finire, terminare

τελευταία — ultimo

Τελικά — alla fine, finalmente

τέλος το — la fine

τελοσπάντων — dopotutto, ad ogni modo

τεμπέλης - τεμπέλα - τεμπέλικο — pigro / pigra / pigro

τεντώνω - τεντώνομαι — stringere, stirare, stirarsi

τέρας το — mostro

τέσσερα — quattro

Τετάρτη η — mercoledì

τέτοια - τέτοιος - τέτοιο — tale, di questo genere (masc./ fem./ neut.)

τετράδραχμο το — moneta da quattro dracme

τέχνη η — arte

τεχνολογία η — tecnologia

τζατζίκι το — tzatziki

τζην το — jeans

τζιν το — gin

τη - την — la (fem. sing.)

τηγανιτός - τηγανιτή - τηγανιτό — fritto / fritta / fritto

τηλεοπτικός - τηλεοπτική - τηλεοπτικό — televisivo / televisiva / televisivo

τηλεόραση η — televisione (colloquiale: xazokouti:"scatola stupida")

τηρείται — aderisce

της — della (gen. fem. sing.)

Τι ; — Che cosa?

τι-σερτ — maglietta, t-shirt

τιμάω - τιμάς - τιμά — onorare

τιμή η — onore / prezzo

τιμωρώ — punire

τιμωρία η — punizione

τίποτε / τίποτα — niente, nulla

τις — le (acc. fem. plur.)

το — il, lo (neut. sing.)

τοιχογραφία η — murale, graffito

τοίχος ο — muro

τόλμη η — audacia, sfrontatezza

τομάρι το — pelle (animale)

τον — il, lo (acc. masc. sing.)

τόξο το — arco

τοποθετημένος - τοποθετημένη - τοποθετημένο — posto / posta / posto

τόπος ο — posto, luogo

τόσο — tanto

τότε — allora, in quel momento

ΓΛΩΣΣΑΡΙΟ

του — del, dello (gen. masc. sing.)
τουαλέτα η — bagno, toilette
τουρισμός ο — turismo
τουρίστας ο — turista
τους — i, gli (acc. masc. plur.)
τραβάω - να τραβήξω — tirare
τραγωδία η — tragedia
τραπεζαρία η — sala da pranzo
τρεις — tre
τρελά — follemente, pazzamente
τρελαίνω - τρελάθηκα — far impazzire q.no - sono impazzito
τρελός - τρελή - τρελό — folle, pazzo (masc./ fem./ neut.)
τρελούτσικος — pazzo, testa calda
τρένο το — treno
τρία — tre
τρίαινα η — tridente
τριάντα — trenta
τριήρης η — trireme
τρικέφαλος — a tre teste
τρίτη — terza (fem.)
Τροία η — Troia
Τροιζήνα η — Trizina, Trezene (città greca)
τρομάζω — far scappare per lo spavento
τρομάρα η — atterrire, spaventare
τρομερός - τρομερή - τρομερό — spaventoso, impressionante (masc./ fem./ neut.)
τρόπος ο — modo, maniera
τροποποιημένος — modificato
τρόφιμο το — cibo
τρώω — mangiare
τσαντισμένος — incazzato
τσεκούρι το — ascia, scure
τσιμεντένιος — cemento
τσίου — cinguettio
τυλίγω — avvolgere, incartare
τυλιγμένα — incartato, confezionato
τυρί το — formaggio
τυρόπιτα η — torta al formaggio
τυχερός - τυχερή - τυχερό — fortunato / fortunata / fortunato
τω Θεώ Δόξα — grazie a Dio
των — degli/delle (gen. masc./ fem./ neut. plur.)
τώρα — ora, adesso

Υυ

υγειά η — υγεία η — salute (Στην υγειά μας — alla nostra)
υγιής - υγιής - υγιές — in salute, sano (masc./ fem./ neut.)
Ύδρα η — Idra
υπακούω — obbedire
υπάρχω - υπάρχεις - υπάρχει - υπήρχαν - υπήρχε — esistere
υπερβολή η — esagerazione
υπερβολικός - υπερβολική - υπερβολικό — esagerato (masc./ fem./ neut.)
υπηρετώ — servire
ύπνος ο — sonno
υπνοδωμάτιο το — stanza da letto
υποδηματοποιείο το — calzaturificio
υποδηματοποιός ο — calzolaio, ciabattino

υποκειμενικός - υποκειμενική - υποκειμενικό — soggettivo (masc./ fem./ neut.)

υποκοριστικό το — diminutivo

φάω - φάμε - έφαγα - φάγαμε — mangiare (congiuntivo - aoristo)

φαγητό το — cibo

φαίνομαι - φαίνεται — sembrare - sembra

φαινόμενα τα — i fenomeni

φαντασία η — immaginazione

φάρμα η — fattoria

φάρμακο το — medicinale, farmaco

φέρνω - φέρε - φέρουμε — portare - porta (imperativo)

φέτα η — feta

φεύγω — partire, andarsene

φήμες οι — dicerie, pettegolezzi

φιδάκι το — serpentello

φίδι το — serpente

φιλάκια — baci!

Φίλιππος ο — Filippo

φιλμ το — film

φιλόξενος - φιλόξενη - φιλόξενο — accogliente, ospitale (masc./ fem./ neut.)

φιλοξενία η — ospitalità

φίλος - φίλη — amico - amica

φιλοσοφία η — filosofia

φιλόσοφος ο - φιλόσοφος η — filosofo (masc./ fem.)

φίλτρο το — filtro

φοβάμαι — aver paura di

φοβερός - φοβερή - φοβερό — terribile, spaventoso, da paura (masc. / fem./ neut.)

υπομονή η — pazienza

υποταγή η — sottomissione

υποψία η — sospetto

φόβος ο — paura

φορά η — volta

Φοράω — indossare

φόρεμα το — abito, vestito

φούρνος ο — forno, panificio

φρέσκος - φρέσκια - φρέσκο — fresco (masc./ fem./ neut.)

φρικτός - φρικτή -φρικτό — orribile (masc./ fem./ neut.)

φρούτο το — frutto

φταίω — biasimare

φτάνω — arrivare

φτερό το - φτερά τα — ala/-i

φτηνός - φτηνή - φτηνό — economico, a buon mercato (masc./ fem./ neut.)

φτιαγμένος - φτιαγμένη - φτιαγμένο — fittizio, inventato (masc./ fem./ neut.)

φτιάχνω — costruire, riparare

φτύνω — sputare

φυγάς ο — fuggiasco, fuggitivo

φύλακας ο — guardiano, custode

φυλακή η — carcere, prigione

φυλακισμένος - φυλακισμένη - φυλακισμένο — prigioniero

φυλάω - να φυλάξω — mantenere, conservare

φυλή η — razza

φύλο το — sesso

φύση η — natura

φυσικά — certo, naturalmente

φυσικός - φυσική - φυσικό — naturale (masc./ fem./ neut.)

ΓΛΩΣΣΑΡΙΟ

φυτρώνω — germogliare
φωλιά η — nido
φωνάζω — gridare
φωνή η — voce

φως το - φώτα τα — luce
φωτεινά — luminosi, brillanti (plur.)
φωτιά η — fuoco, incendio
φωτογραφία η — foto, fotografia

Χχ

Χαίρετε — Ciao / Salve
χαίρομαι — rallegrarsi, gioire
χαίρω — essere lieti
χαλάω — distruggere, saccheggiare
χαλαρώνω — rilassare, allentare
χάλια — che casino, che schifo
χαλκουργός ο — artigiano del rame
χαμηλά — basso
χάνγκοβερ το — postumi della sbronza
χάνω — perdere
χάος το — caos
χαρά η — gioia, letizia
χαρακτήρας ο — carattere
χάρηκα — piacere!
χάριν — in nome di, per la ragione che
χαρούμενος - χαρούμενη - χαρούμενο — felice (masc./ fem./ neut.)
χάσαμε — abbiamo perso
χειμώνας ο — inverno
χειρότερος — peggiore
χελώνα η — tartaruga
χέρι το — mano
χθες — ieri
χιτώνα — tunica, chitone
χλαμύδα η — toga
χοντρός - χοντρή - χοντρό — grasso, spesso (masc./ fem./ neut.)

χοντρούλα — grassottella (affettuoso)
χορεύω — ballare, danzare
χόρτα τα — verdure
χορτοφάγος ο — vegetariano
χρειάζομαι — aver bisogno di
χρήματα τα — denaro
χρήση η — uso
χρήσιμη — utile (fem.)
χρησμός ο — oracolo
Χριστούγεννα τα — Natale
χρόνια τα — anni
χρόνος ο — tempo
χρώμα το — colore
χτενίζω — pettinare
χτες — ieri
χτένισμα το — pettinatura
χτυπάω — bussare, picchiare
χώμα το — suolo
χώρα η — terra, paese
χωριό το — villaggio
χωριάτικη η — insalata di pomodori ("del villaggio")
χωρίς — senza
χωριστός - χωριστή - χωριστό — separato (masc./ fem./ neut.)
χώρος ο — spazio

ψαράς ο — pescatore
Ψαρεύω — pescare
ψάρι το — pesce
ψάχνω — cercare
ψέμα το — mentire
ψευδές - ψευδή — falso
ψεύτης — bugiardo
ψηλά στον ουρανό — su nel cielo

ψήνω — cuocere (al forno)
ψηφίζω — votare
ψυχαναλυτικός - ψυχαναλυτική - ψυχαναλυτικό — psicoanalitico (masc./ fem./ neut.)
ψυχή η — anima, psiche
ψυχραιμία η — calma, contegno
ψωμί το — pane

Ωω

Ω — Oh
Ω-πα — Ah, d'accordo
Ωδείο το — Odeon, auditorium
ώρα η — ora, tempo
ωραία — graziosamente, gentilmente
ωραίος - ωραία - ωραίο — carino (masc./ fem./ neut.)
ωρέ — ehi tu (con ostilità)
ωφελεί — serve, avvantaggia
Ωχ — Ah (con dolore)
Ωχού — Ah (con dolore / paura)
Ωωωωω — oh santo cielo!

www.ingramcontent.com/pod-product-compliance
Lightning Source LLC
Chambersburg PA
CBHW051044160426
43193CB00010B/1062